@AIGUADVALENCIA

BRUJA DE NOCHE

ALFAGUARA

Papel certificado por el Forest Stewardship Council®

Primera edición: febrero de 2024

A les bruixes
que han viscut amagades
dins la foscor
de la nit...

ÍNDICE

INTRODUCCIÓN

Queridas brujas:

Hace tiempo que no nos leemos y, aun así, parece que fue ayer cuando empecé a pensar a qué dedicaría mi anterior libro. En cuanto se me presentó la oportunidad de seguir escribiendo, tuve clarísimo hacia dónde iba a enfocar este tercer trabajo.

Después de años haciendo brujerías, y algún tiempo creando contenido para el lado más mágico de las redes, he observado un poco de todo. Me he dado cuenta de que hoy en día numerosas ramas de la brujería más «visible» se inclinan por prácticas diurnas, trabajadoras de luz, devotas del Sol (y de la Luna por ser reflejo de este último). Sus practicantes encajan los trabajos mágicos en el mismo horario de cualquier otro trabajo necesitado de lógica y razón, como quien va a la oficina o da clases en un colegio.

No quiero dar a entender que esa magia sea errónea, ni desprestigiar un tipo de brujería que yo misma practico ocasionalmente, pero se me hace imposible concebir la magia sin la noche. Tal vez sea fruto del eclecticismo que domina mi práctica, o de que la brujería que se me ha enseñado no necesita de la luz del sol.

Y es que no debemos olvidarnos de la noche. Justo cuando todo el mundo duerme, cuando el sol se esconde y todo parece ir a un ritmo menos frenético, es cuando el pensamiento analítico parece abandonar el cuerpo de aquellas que aún quedamos despiertas. Sin el sol como testigo, la noche parece ser el momento idóneo para evitar ser sometidas a ningún juicio. El ambiente se llena de pasiones distintas, sueños, fiestas, sombras y misterio. Las aves nocturnas brindan mensajes a quienes las esperan. Los mitos e historias se escapan del papel y cobran vida.

Por su naturaleza tenebrosa y oculta, siempre se ha atribuido

a la noche un vínculo a lo malvado y perverso.

PERO, LEJOS DE SER MALIGNA, LA NOCHE

SIMPLEMENTE ES OSCURA.

PARTE 1

LA NOCHE

La noche guarda infinidad de secretos y misterios. No son pocas las «noches mágicas» que se celebran a lo largo del año. Las brujas y la noche siempre hemos tenido un vínculo especial. Aquellas que me conocéis desde hace un tiempo sabéis que me despierta especial curiosidad cómo se nos retrata a las brujas en las películas y series. Algunas veces dan en el clavo y otras... somos de color verde. Sea como sea, hay una cosa en la que no suelen fallar: la importancia de la noche al hacer magia.

Espero no ser la única a quien la noche le parece verdaderamente etérea, irreal y fascinante. Veréis, el aspecto críptico de la noche es lo que me hace quererla tanto. Hay noches vivaces, locas y festivas, y otras en las que parece que el tiempo se para por completo. Al mirar por la ventana se ve una neblina que cubre las calles y no queda ni un alma en pie. ¿O sí?

La magia de la noche se aprovecha de las diversas energías que habitan este periodo de tiempo. Aliándose con las fases lunares y los movimientos planetarios, haciendo peticiones a seres místicos, empleando momentos muy concretos... Hay miles de posibilidades.

LAS OCHO PARTES
DE LA NOCHE

Igual que el día tiene sus partes (mañana, mediodía, tarde...), la noche también tiene las suyas. Hoy en día, en el vocabulario más habitual encontramos palabras como «atardecer», «anochecer», «medianoche» o «amanecer». Cuando era necesario dividir la noche en partes más concretas, se propusieron fragmentos, nombres y límites para hacerlo.

SAN ISIDORO DE SEVILLA DIVIDIÓ LA NOCHE EN SIETE PARTES, DESDE QUE EMPIEZA A CAER LA NOCHE HASTA QUE VUELVE A AMANECER. LA SIGUIENTE DIVISIÓN ES UN POCO MÁS EXTENSA.

LAS OCHO PARTES DE LA NOCHE

CONTICINIO
Hora de la noche en que
todo está en silencio.

CONCUBIO
Horas de la noche en que las
personas se van a dormir.

CREPÚSCULO
Momentos de claridad desde
que el sol se pone hasta que cae
la noche por completo (y desde
que son visibles los primeros
rayos de luz hasta que sale
el sol por el horizonte).

VÉSPERO
Últimas horas de la tarde,
anochecer.

INTEMPESTA
Noche muy entrada.

GALICINIO
Parte de la noche próxima al amanecer
(*gallicinium*, 'canto del gallo').

MATUTINO
Relativo, cercano a las horas
de la mañana.

DILÚCULO
Diluculum, «crepúsculo
matutino».

NOCTURNAS

Las personas estamos más familiarizadas con el día y todas las especies que durante él hacen su vida. Opuesta a la diurnalidad, está la nocturnidad. Aquellas especies, tanto animales como vegetales, que comparten este tipo de comportamiento tienen atributos simbólicos y mágicos muy especiales.

NO QUIERO EXTENDERME DEMASIADO, QUE AL FINAL ESTO ES UN LIBRO DE HECHIZOS VARIOS, PERO A CONTINUACIÓN OS OFREZCO UN LISTADO DE ENERGÍAS Y CORRESPONDENCIAS DE LAS ESPECIES NOCTURNAS MÁS COMUNES.

BÚHO

○ Representa la sabiduría, la transformación y el desarrollo (tanto personal como de la intuición). Dependiendo de la cultura, los búhos son portadores de conocimientos ancestrales, de abundancia, protección e incluso símbolo de una asistencia superior, pero también pueden llegar a tener una consideración negativa. En ciertas partes del mundo es un ave portadora de malas noticias.

CACTUS

○ El cactus en sí no es una planta que destaque por ser nocturna, pero sí lo son algunas especies de esta familia en el momento de la floración. Un ejemplo es el *Cereus repandus*, cuyas flores solo se abren de noche, una única vez cada una. Estas flores se asocian con la fuerza y la delicadeza simultáneas, con la belleza y la adaptabilidad a situaciones complicadas.

CUERVO

○ Suele desarrollar su actividad en horas crepusculares y también diurnas. Pese a esta ambigüedad horaria, los cuervos son asociados con la oscuridad por su simbología. Dependiendo de la zona y cultura, se los considera portadores de malas noticias, impurezas e incluso muerte (o finales). También representan revelaciones importantes, intrepidez y perspectivas elevadas.

GALÁN DE NOCHE

- Esta planta, también llamada «dama de noche», está rodeada de mitos y leyendas. Se usa para preparar remedios naturales variados y se la asocia con iluminar (o embellecer) momentos de tinieblas; también, por su olor, puede ser empleada en rituales de atracción.

GRILLO

- Es un insecto que está asociado a la buena fortuna, la prosperidad y la vitalidad. Además, por su canto, se lo considera portador de sabiduría, y puede ser un recordatorio del gran poder que guarda nuestra propia voz. Encontrar un grillo cerca o dentro del hogar es símbolo de próximas alegrías, así como de la llegada de abundancia.

HALCÓN

- No son animales nocturnos, pero sí suelen realizar sus cacerías en horas crepusculares. Es símbolo de sabiduría y autocontrol, así como de paciencia y vigilancia. También está relacionado con la habilidad de ver el futuro.

JABALÍ

- Aunque no sea un animal nocturno propiamente dicho, su actividad se incrementa por la noche (siendo más sedentario durante el día). El simbolismo que rodea a este animal es de lo más variado. Tanto su piel como sus colmillos, así como las tallas y figuritas de jabalíes, han sido elemento de protección de guerreros. Son ejemplos de ello muchos cascos celtas y anglosajones. El jabalí también es símbolo de poder. La hembra de esta especie representa la generosidad y el vínculo y comunión con la tierra que se habita.

LECHUZA

○ Simboliza la sabiduría, la agilidad, la noche y lo secreto. Igual que sucede con el búho, dependiendo de la cultura, la lechuza puede ser un buen o un mal augurio.

LUCIÉRNAGA

○ Este insecto está asociado con buenas nuevas y comienzos. En algunas partes del mundo, ver a varias luciérnagas avisa de que se acercan celebraciones (por ejemplo, una boda). En otros pueblos, se cree que las luciérnagas son espíritus de los antepasados, que vienen a hacernos una visita.

LINCE

○ Representa la sabiduría, la protección y los mensajes del otro lado. Ver un lince, teniendo en cuenta el estado en el que se encuentra la especie en ciertas zonas geográficas, puede ser una gran señal y llamada de atención.

MURCIÉLAGO

○ Estos animalitos asociados al tiempo nocturno pueden tener simbolismos más que variados. Son símbolo de oscuridad, misterio y de aquello desconocido. También, en ciertas culturas, guardan relación con la transformación, el renacimiento y con la vida después de la muerte.

RATÓN DE CAMPO

○ Es un animalito que se alimenta en su mayoría de vegetales y de algún que otro insecto. Está relacionado con volver a tomar contacto con aquello que nos rodea. Puede ser una llamada de atención de que se está olvidando lo esencial por intentar abarcar muchas cosas al mismo tiempo.

SARGANTANA

○ Este reptil (símbolo de la isla de Formentera y autóctono de muchas otras islas y zonas mediterráneas) puede ser visto tanto de día como de noche. Es símbolo de protección y buena suerte, así como de adaptabilidad a las nuevas situaciones.

SERPIENTE

○ Pese a no ser una especie cuya nocturnidad sea destacable, es cierto que podemos encontrarlas una vez que el sol se esconde. Su simbolismo es de lo más variado; desde ser considerada la encarnación del mal a ser representante de sabiduría, longevidad, rejuvenecimiento y fortaleza. Dependiendo de la zona, ciertas especies de serpientes, y también algunas culebras, guardan un significado específico.

TROMPETA DE ÁNGEL

○ Llamada también *Brugmansia*, esta flor desprende su perfume mientras cae la noche, atrayendo a insectos nocturnos y murciélagos. Tiene una energía que cautiva y puede despertar deseo y pasión, además de promover los sueños profundos y significativos.

Si estas especies se cruzan en vuestro camino, tal vez sean portadoras de «aquello que les corresponde» (pueden simbolizar que pronto llegará el amor, por ejemplo). En cambio, si queréis atraer su energía, representad la especie de alguna manera: usad un cuadro de un animal o una figurita de cerámica, incluid una flor en un hechizo…

¡INCLUSO PODÉIS TENER HUESOS, INSECTOS, PIELES Y PLUMAS CERCA MIENTRAS REALIZÁIS VUESTRAS BRUJERÍAS!

Asimismo, antes de consumir una planta o de ponérosla sobre la piel, por favor, ¡aseguraos de haberla identificado bien y de que no sea tóxica! Muchas de las especies anteriores lo son.

Y, cuando vayáis a recolectar restos de algún ser, recordad hacerlo de la manera más ética posible. Yo prefiero encontrar elementos de manera casual en mis paseos por el bosque (en vez de ir buscándolos de manera expresa), y no suelo llevarme más de un par de huesecillos o insectos muertos de todos los que me encuentro. Después, agradezco el regalo al bosque y doy algo a cambio. Puede ser tan simple como recoger papeles y plásticos que encuentre en el camino de vuelta.

LAS DE LA NOCHE

Además de aquellas especies nocturnas, hay muchas otras asociadas a la noche que no incluyen la terrenalidad dentro de sus características. Hablo de todas aquellas entidades, deidades, espíritus y seres que habitan la noche de una manera u otra. Es cierto que las cualidades de muchas de ellas pueden variar, dependiendo del folclore de la zona desde la que me leáis. Las leyendas sobre seres feéricos, por ejemplo, tienen grandes cambios en función de la zona geográfica y del momento histórico en el que se generaron o recopilaron.

Cada bruja decide qué creencias incorporar en su práctica: si dedicarse a un panteón divino en concreto, descubrir las divinidades veneradas en su localidad, hacer pequeñas ofrendas a ciertos seres, pedir ayuda a lo no mundano para determinados trabajos, o no hacer nada de lo anterior y trabajar con el resto de las energías disponibles (astros, plantas...).

SEA COMO FUERE, CONOCER A AQUELLAS ENTIDADES ASOCIADAS A LA NOCHE PUEDE SER DE GRAN AYUDA O, AL MENOS, ENRIQUECEDOR.

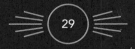

·– DEIDADES –·

ARTEMISA

Hija de Zeus y Leto, y melliza de Apolo, Artemisa pertenece al panteón de los dioses olímpicos. Se la representa portando arco y flechas, y dentro de sus símbolos encontramos los ciervos, los perros de caza y la Luna. Guardadora de su castidad, despertaba el interés de hombres y dioses.

TANTO ELLA COMO SUS ALIADAS Y AYUDANTES ERAN ACOSADAS, Y ARTEMISA TOMABA UNA POSICIÓN PROTECTORA Y DEFENSIVA FRENTE A SUS AGRESORES.

DIANA

Perteneciente a la mitología romana, es la diosa virgen de la caza, la naturaleza y la Luna. La diosa griega con la que guarda paralelismo es Artemisa. Se la considera también diosa de las brujas en ciertas ramas del neopaganismo, una creencia proveniente de *Aradia, or The Gospel of the Witches*, de C. Leland (1899).

EN POESÍAS SE ALABAN SU FUERZA, GRACIA, BELLEZA Y HABILIDADES PARA LA CAZA.

HÉCATE

Titánide de la mitología griega, hija de Perses y Asteria, se presenta frecuentemente portando antorchas o una llave. Es la diosa de los límites: puertas, fronteras, cruces de caminos… Por su característica liminal es una diosa del inframundo y considerada una deidad de la brujería. Las primeras representaciones de esta diosa fueron simples; la triplicidad de su imagen fue posterior.

SU IMAGEN ERA EMPLEADA EN LAS ENTRADAS DE LAS CIUDADES PARA PROTEGERLAS (UN USO PARECIDO AL DE LAS HERMAS).

MORRIGAN

Diosa celta de la guerra y de la muerte. La «Gran reina» o «Reina de los fantasmas» recibe distintos sobrenombres referentes a sus diversas cualidades. Destaca su poder como «cambiadora de formas», presentándose frecuentemente con su forma de cuervo. En las leyendas que la rodean siempre hay algún ligamen con el ciclo vital.

POR SUS VÍNCULOS CON LA MUERTE, SE LA RELACIONA CON LA FESTIVIDAD DE SAMHAIN.

NYX

Diosa y personificación de la noche, descendiente de Caos, es una de las diosas primeras. Sus representaciones varían entre autores, estando a veces semidesnuda, otras veces montada en un carro, cubierta con un vestido oscuro y acompañada de estrellas...

EL CULTO A ESTA DIOSA NO ERA TREMENDAMENTE POPULAR, COMO SÍ PASABA CON OTRAS DEIDADES.

SELENE

Perteneciente a la mitología griega, hija de Hiperión y Tea, esta titán personificaba la Luna. Se representa a Selene como una mujer muy bella, de rostro pálido, llevando una medialuna sobre su cabeza. En el mito de Selene y Endimión (o, mejor dicho, en las diversas variantes de este) podemos ver reflejado el amor inexplicable y la fascinación máxima.

VIRGEN DE LOS DOLORES

Esta advocación de la Virgen María tiene cierta relación con la noche y la oscuridad. Suele ir vestida de morado o negro. Su nombre destaca el sentimiento de dolor de la madre ante el sufrimiento de su hijo. Un gran número de las procesiones de Nuestra Señora de los Dolores que se celebran en la península ibérica empiezan al caer el día y finalizan de noche. En muchos pueblos se la conoce por «aliviar las penas» de las mujeres, sobre todo si sufren por motivos familiares.

·– SERES FEÉRICOS –·

Estos seres, que se escapan de la categoría humana, la angelical y la fantasmagórica, pero que tienen una mezcla de todas ellas, son protagonistas de cuentos, leyendas e historias. A menudo llamados seres «elementales», son unas criaturas que rara vez han sido vistas por el ojo humano. Dependiendo del historiador o estudioso que empuñase la pluma, los escritos que encontramos sobre estos seres son redactados de manera escéptica, incrédula y despectiva. Entre líneas podemos leer la actitud altiva de quien recopilaba las historias de la memoria de campesinos tildados de simples y de niños con demasiada imaginación. Pocas son las ocasiones en las que dichos autores emplean explícitamente adjetivos peyorativos, pero tras ello se vislumbraba su actitud despectiva frente a las gentes de pueblo.

LOS ESPÍRITUS DE LA NATURALEZA SE INTRODUJERON POCO A POCO EN MI SISTEMA DE CREENCIAS.

AL PRINCIPIO ERAN SIMPLEMENTE «SUPERSTICIONES» Y LEYENDAS QUE ME HABÍA TRANSMITIDO MI ABUELA DESDE MUY PEQUEÑA, Y AÑOS DESPUÉS ME ENCUENTRO DEDICÁNDOLES TODO UN APARTADO EN UNO DE MIS LIBROS.

Por la gran extensión que ocuparía, no hablaré de todos los tipos de seres feéricos que hay, únicamente nombraré un par de ellos que están estrechamente vinculados con mi sistema de creencias. No os voy a pedir que os olvidéis de los cuentos fantásticos que han protagonizado vuestra infancia, pero sí os aconsejo que, antes de seguir leyendo, quitéis el filtro infantil de todo lo que sabéis sobre hadas y duendes.

Los elementales son seres interdimensionales y atemporales, que no parecen regirse por las leyes físicas ordinarias y, pese a pertenecer al mundo etérico-astral, comparten espacio con los humanos. Suelen vivir en comunidades, aunque muchas de sus manifestaciones sean en solitario. Son invisibles para la especie humana, pero durante la infancia sí podemos verlos o sentirlos. También suelen ser sensibles a su presencia los animales. Su gran capacidad para no ser vistos —o materializarse en momentos muy puntuales— va de la mano con la de cambiar de forma, adoptando una gran variedad de aspectos y tamaños. Esta multiformidad fue retratada por uno de los colaboradores del investigador antropólogo y folclorista Walter Wentz: «Una vez se me apareció uno que apenas tenía un metro de altura […] pero me dijo: "Soy mayor de lo que tú ahora me ves. Podemos rejuvenecer a los viejos, empequeñecer a los grandes y engrandecer a los pequeños"».

Acostumbran a tener un carácter juguetón, y suelen dedicarse a confundir, asombrar y asustar a los humanos. Cuando, por algún motivo, aprecian a una persona, le otorgan regalos o poderes. Si, por el contrario, alguien se enemistase con un ser feérico, este sería rencoroso y vengativo. Su ética es neutra y sus comportamientos (dañinos o bondadosos) dependen de nuestro contacto con ellos, así como de aquello que simbolizan.

HABITAN LA NATURALEZA Y PERSONIFICAN SU LEY Y MORAL, QUE ES CAPRICHOSA Y DIFERENTE DE AQUELLA ESTABLECIDA EN SOCIEDADES HUMANAS.

Os preguntaréis por qué os estoy hablando de criaturas de este tipo en un libro de brujerías nocturnas. Pues porque muchos de estos seres aparentemente diminutos tienen vínculos muy íntimos con la noche. Actúan cuando cae el sol, hacen y deshacen, y se vuelven a esconder. Usan la noche y sus límites para no ser vistos.

HADAS

Estas criaturas feéricas, popularmente representadas como figuras femeninas jóvenes con alas, son protectoras de la naturaleza. Dependiendo del folclore del lugar, tienen mejor o peor fama, otorgando dones y riquezas a los humanos o capturando bebés y substituyéndolos por otros seres feéricos. Dependiendo de la zona y su localización, reciben nombres distintos. Hay hadas de río, de lagos, bosques, cuevas, pozos… Un ejemplo son las gojas, más populares en la Catalunya antigua que actualmente. Eran mujeres de gran belleza, vestidas con ricos ropajes y que habitaban en palacios bajo las aguas.

AL LAVAR SUS ROPAS LAS TENDÍAN CERCA DEL RÍO A LA LUZ DE LA LUNA, Y EL MORTAL QUE TOMASE UNA DE LAS PRENDAS TENDRÍA LA PROSPERIDAD ASEGURADA.

DUENDES

Estos seres son de lo más peculiar y existen numerosas subcategorías. Muchos tipos de duendes están relacionados con el hogar de alguna u otra manera, ayudando o, por el contrario, haciendo fechorías diversas. Reciben mil y un nombres a lo largo de la península ibérica: trasnu, follet, donyet, etxajaun, xas, trasgo, sumiciu…, cada uno con sus respectivas cualidades específicas. Dentro del gran grupo de las «casas encantadas», además de las que están llenas de fantasmas u otros entes del estilo, se encuentran aquellas donde hay duendes (aunque hoy en día casi no se escuche hablar de casas enduendadas). Algunos duendes se dedican a hacer ruidos nocturnos, otros roban objetos de metal o brillantes, también se cuelgan de la espalda provocando grandes dolores, o provocan pesadillas e incluso ahogan durante el sueño. Asimismo, si las personas que habitan la casa son buenas y hacendosas, ayudan en las tareas del hogar. Incluso hay duendes, como los Cuines o los Meniñeiros, cuya predilección es el cuidado de los niños.

Para «desenduendar» un hogar, existen muchas soluciones, y mudarse a otro sitio no es la mejor opción, dado que a veces los duendes siguen a la familia. Dependiendo de la zona de la península, las soluciones «antiduentes» varían, pero suelen ser una especie de tarea o faena que se le encarga al duende y que es imposible de finalizar. Por ejemplo, traer un cesto de mimbre lleno de agua del mar.

En otras ocasiones he hecho hincapié en la importancia de ir con cuidado al trabajar con seres no terrenales, y esta vez no iba a ser distinta. Id poco a poco. No tengáis prisa por trabajar diariamente con deidades y otros seres. Tomad precauciones, usad protecciones, empezad con una pequeña ofrenda a quien sintáis correcto e id viendo cómo evoluciona vuestra práctica. Abrir portales y empezar a invocar cosas no es algo recomendable para el primer paso… Ni para el segundo.

Os recomiendo tener un pequeño diario donde apuntar cómo van estas interacciones mágicas. Así podréis ver cómo evolucionan, si hay algo mejorable por vuestra parte o incluso detectar si hay algo fuera de lugar por parte de la supuesta deidad.

BREVE GUÍA PARA LA INTERPRETACIÓN DE SUEÑOS

Los sueños se consideran fuente de conocimientos ocultos y mensajeros de acontecimientos futuros en muchas culturas desde hace milenios. Dependiendo de la zona, las creencias y su folclore, hay sueños cuyo significado puede variar. También existe una corriente menos esotérica de la interpretación de sueños, íntimamente ligada a la psicología y la psiquiatría. Pese a ser este un libro enfocado a la parte más práctica de la magia, en ocasiones será útil fijarnos en aquello que soñamos tras un pequeño ritual, una meditación concreta o incluso en nuestro día a día.

POR ESO CREO QUE ES CONVENIENTE INCLUIR ALGUNAS CLAVES Y SIGNIFICADOS PARA INTERPRETAR LOS SUEÑOS QUE TENGÁIS.

ANIMAL

Los animales son portadores de mensajes concretos, dependiendo de la especie que se nos aparezca en el sueño. Por lo general son mensajes de gran importancia y que deberemos tener en cuenta tanto como nos sea posible.

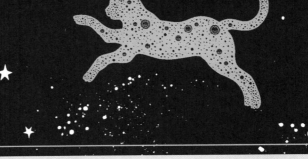

BARCO

Navegar en un sueño, embarcar en un navío o emprender algún viaje en una masa de agua (río, mar, océano...) guarda un gran simbolismo condicionado por el resto de los elementos del sueño. Siempre anuncia un viaje o cambio de aires, ya sea planificado o repentino, o un planteamiento de nuevos horizontes. Este tipo de sueños puede indicar que existirán problemas que nos harán huir, o también grandes oportunidades en otras tierras.

BRUJA

- Tener sueños que incluyan una bruja o a alguien practicando brujería es una experiencia muy curiosa. Cuando aparecen en nuestros sueños, son portadoras de advertencias o mensajes de un plano no terrenal. Es importante fijarse en lo que hacen, qué cara tienen o cuál es su atuendo. Todo esto puede ser útil cuando llegue el momento de interpretar el sueño al despertar.

SI EN EL SUEÑO ESTAMOS SIENDO VÍCTIMAS DE BRUJERÍA O SENTIMOS QUE LA BRUJA QUE VEMOS NOS ESTÁ ATACANDO MÁGICAMENTE, ES PROBABLE QUE ALGUIEN NOS ESTÉ HACIENDO ALGÚN TRABAJO MÁGICO EN LA VIDA REAL.

- Soñar que una bruja te da una manzana es una advertencia de las malas noticias que se avecinan. Podría indicar que una persona cercana nos decepcionará, pese a que actualmente no dé demasiados problemas y parezca buena e inofensiva. Es importante dejar que la intuición nos guíe y ayudarnos de otras herramientas mágicas para descubrir su identidad.
- Ver a una bruja de lejos en alguno de nuestros sueños es presagio de buenas noticias y oportunidades que llegarán en los días próximos al sueño.

- Asimismo, soñar con una bruja que viaja en escoba anuncia que llegarán cambios en nuestra vida profesional o laboral que quizá no nos gusten: más responsabilidades por el mismo salario, una mala evaluación… Nos invita a aceptar el esfuerzo que supone pasar el mal trago o a empezar a buscar segundas opciones por si algo sale mal; ambas opciones tendrán la misma cantidad de beneficios y riesgos.

EN EL CASO DE SOÑAR QUE UNA BRUJA TE PERSIGUE EN EL INTERIOR DE UNA CASA, ESTO MUESTRA DESEQUILIBRIOS EN LO QUE AL HOGAR SE REFIERE. AUGURA UNA MALA RACHA EMOCIONAL O ECONÓMICA, Y NOS ADVIERTE DE NO EMBARCARNOS EN PROYECTOS QUE REQUIERAN INVERSIONES ECONÓMICAS.

CAÍDA

Soñar que sufrimos una caída, que caemos a un lugar concreto o al vacío, es una experiencia que casi todas las personas hemos experimentado. Este es uno de los sueños más comunes y recurrentes, y también se le han asociado numerosos significados. Suele ser una llamada de atención que muestra que no nos encontramos en el mejor camino posible. También puede anunciar un cambio repentino de rumbo en nuestra vida, o la necesidad de abrirse a los cambios —por muy repentinos que parezcan— y dejar de temerle al futuro. Hay personas que dicen que, si caes en un sueño y llegas a chocar contra el suelo, morirás en la vida real, pero, tranquilas, no hay nada de lo que preocuparse.

CORONA

Tradicionalmente, soñar con una corona sobre la propia cabeza se ha relacionado con la llegada del éxito y las riquezas. Si es una corona de flores, se añadirán al significado del sueño las correspondencias energéticas de cada una de ellas. Por ejemplo, una corona de rosas rojas nos hará saber que se aproximan buenas nuevas en el ámbito sentimental. Si las flores están marchitas o la corona se rompe, puede ser un aviso de que nuestras expectativas no se verán cumplidas. Tras un hechizo, esto será una llamada a repetirlo o a reformularlo.

DESNUDEZ

Soñar que estamos desnudas, o no llevar ropa durante cualquier sueño que estemos teniendo, puede tener diversos significados, mayoritariamente condicionados según cómo reaccionemos a dicha desnudez. Si la desnudez nos hace sentir mal, desprotegidas, o como si fuésemos objeto de burla, entonces podría indicar que alguien intenta derribar nuestras protecciones mágicas, trata de descubrir nuestros secretos o trabaja para ridiculizarnos.

TAMBIÉN SIMBOLIZA UNA ESPECIE DE TEMOR A LA VULNERABILIDAD. SI NO SENTIMOS AVERSIÓN RESPECTO AL HECHO DE APARECER SIN ROPA EN EL SUEÑO, ES UNA CLARA LLAMADA A DEJAR DE OCULTARNOS Y EMPEZAR A PERMITIR QUE LA GENTE SE NOS ACERQUE.

DIENTES

○ Hay muchas personas que sueñan con que se les caen los dientes. Nunca he tenido un sueño parecido, pero sí he escuchado varias descripciones (cada una más gráfica y horripilante que la anterior). El augurio popularmente asociado a este sueño es la muerte de alguien cercano. Es posible que, en realidad, saque a la luz el propio miedo de perder a una persona o el dolor que nos produce haber perdido a alguien.

SI EN EL SUEÑO NOS ARRANCAN LOS DIENTES, PODRÍA INDICAR QUE NO ESTAMOS COMUNICANDO LO QUE PENSAMOS, O QUE ALGUIEN TIENE LA VOLUNTAD DE SACARNOS LA VERDAD A LA FUERZA.

○ En el caso de que se nos pudran los dientes o los tengamos en mal estado durante el sueño, esto simboliza algún ataque a nuestra apariencia, un problema de salud heredado o una maldición hereditaria.

EMBARAZO

- Tradicionalmente, soñar que estamos embarazadas (o que otra persona está gestando) siempre ha sido un anuncio de la llegada de una nueva vida a la familia. Generalmente el bebé nacerá de la persona que aparece embarazada durante el sueño, pero también puede presagiar cualquier embarazo en nuestro círculo cercano. También simboliza el final de un proyecto y la llegada de sus frutos, o el éxito de un trabajo mágico.

ESPEJO

- Ver un espejo en un sueño es un poco perturbador, sobre todo si en algún momento habéis decidido miraros en él. A veces el reflejo sois vosotras mismas (de manera fiel a la realidad, envejecidas, rejuvenecidas o desfiguradas), y en otras ocasiones la imagen es horrible, o simplemente no hay nada reflejado. Lo que vemos en un espejo al mirarnos en él es muy revelador y no es algo que se aconseje hacer a no ser que se esté mentalmente preparado.
- Cuando soñamos que estamos dentro de una casa llena de espejos, se trata de una llamada de atención a que llevamos un tiempo ignorando los propios sentimientos, e indica que debemos volver a conectar con nosotras mismas.

FUTURO

- Soñar con el futuro no es tremendamente común, pero sí es algo que nos sucede a muchas practicantes de brujería en menor o mayor medida. Suelen parecer sueños normales, de los cuales únicamente recordamos un detalle o dos al despertar. Pasados los días nos encontramos con que ciertas cosas que estamos viviendo en nuestra «vida despierta» ya las habíamos soñado con anterioridad. Tener un diario de sueños donde apuntar qué hemos soñado cada noche es muy útil para ir detectando poco a poco cuáles de nuestros sueños nos dan pistas sobre qué pasará.
- Asimismo, soñar con uno mismo en el futuro es un augurio de cómo saldrán las cosas, si irán bien o si hay algo que mejorar.

MUERTE

- Soñar con la muerte propia o de un ser querido es una experiencia de lo más inquietante. Aun así, no suele ser un augurio de muerte de manera literal. Puede referirse a que tenemos que cuidar de nuestra salud. Anuncia también grandes novedades en nuestra vida, inicios y finales que tal vez nos cambien de manera radical.
- Ver plantas o animales muertos en un sueño puede indicar que alguna persona querida esté traicionándonos a nuestras espaldas.

NIEBLA

- La niebla, presente en cualquier sueño, suele ser indicadora de una falta de perspectiva o de no tener una visión completa de la historia o el problema. En el caso de que la encontremos sobre el mar, suele ser presagio de posibles problemas familiares o sentimentales. Si está situada en tierra, atravesando un bosque o cubriendo una ciudad, señala futuros problemas financieros o laborales que requerirán de calma para ser resueltos.

OJOS

- Soñar con nuestros propios ojos, o mirarnos a los ojos en un sueño, nos invita a meditar sobre los problemas de manera detenida.
- Asimismo, soñar que perdemos la vista, que perdemos los ojos o nos quedamos tuertas nos indica que estamos ignorando nuestra propia intuición, o que no la estamos trabajando y nutriendo tanto como deberíamos. También puede avisar de que perderemos una oportunidad si no nos lanzamos a por ella rápidamente.

PELO

- Los sueños relacionados con el pelo son sueños que portan mensajes sobre el poder (propio o de la persona que aparezca en el sueño). Si alguien nos corta el pelo en el sueño, sobre todo si es de manera forzada, significa que estamos perdiendo fuerza y poder por culpa de otra persona. En el caso de que nosotras mismas nos cortemos el pelo, simboliza un cambio, pero también que nosotras mismas estamos limitando o subestimando nuestro propio poder.

SOÑAR CON TENER EL PELO ENREDADO O EN MAL ESTADO PODRÍA SER AUGURIO DE ALGÚN PROBLEMA DE SALUD, O DE QUE ESTAMOS MALGASTANDO NUESTRA ENERGÍA EN ALGÚN ÁMBITO DE NUESTRA VIDA.

- Asimismo, soñar que perdemos el pelo o se nos va cayendo de alguna manera es una señal urgente para parar. Cuando no estamos viviendo una situación tremendamente estresante, es posible que esta llegue durante los días próximos, y tendremos que intentar no perder las riendas de la situación. También puede ser un indicador de que alguna persona externa se encuentra detrás de ese «mal trago».
- Por otro lado, soñar que tenemos una cabellera larga y sana es señal de estar en el buen camino, una confirmación de que hemos enfocado nuestras energías en la dirección correcta o una aprobación de nuestro último trabajo mágico.

PERSECUCIÓN

○ Soñar que somos perseguidas puede ser una de las peores experiencias oníricas, sobre todo cuando nuestras piernas parecen funcionar a cámara lenta. Muestran algo a lo que no nos estamos enfrentando, o tal vez algo de lo que huimos sin saberlo. También pueden ser avisos de que alguien está intentando dañarnos, o de deudas y malas gestiones económicas que pronto saldrán a la luz.

UN SUEÑO EN EL CUAL PERSEGUIMOS ALGUNA COSA SIN LLEGAR A ALCANZARLA PODRÍA SER UN MENSAJE DE ESTAR INVIRTIENDO NUESTRAS FUERZAS EN EL LUGAR EQUIVOCADO O DE UNA MANERA INCORRECTA. DESPUÉS DE UN TRABAJO MÁGICO, ESTE SUEÑO NOS DIRÁ QUE EL RESULTADO NO LLEGARÁ (O AL MENOS NO LO HARÁ DE LA MANERA ESPERADA).

PLANTA

○ El hecho de soñar con una planta en concreto, igual que soñar con algún animal, tiene asociado un significado determinado (dependiendo de la planta que sea). A veces las energías de esa planta son las que necesitaremos para acompañar los siguientes momentos de nuestra vida.

SOLEDAD

○ A veces soñamos que nos encontramos en soledad, caminamos solas o somos la última persona viva del mundo, y esto puede llegar a tener significados muy contrarios. Nos decantaremos por unos u otros dependiendo de cómo nos hayamos sentido durante el sueño. Por una parte, puede ser una llamada a reflexionar sobre nosotras mismas, a desconectar del resto y dedicarnos a reconectar con nuestra esencia. También reflejaría un estado de comodidad con nuestra propia soledad. Por otro lado puede indicarnos un deseo de establecer vínculos (amorosos, de amistad) con otras personas. O ser señal de que alguien en concreto se ha dedicado a aislarnos mediante magia, y entonces deberemos hacer algo para revertir la situación.

VUELO

Tener un sueño sobre volar, o que nuestra forma de desplazarnos durante el sueño sea volando (o levitando), tiene una gran simbología. Se dice que perdemos la capacidad de volar en sueños conforme envejecemos, porque nuestra «alma» se acostumbra a la vida terrenal y al cuerpo físico, y se olvida de cómo se vuela. Puede ser el anuncio de calma después de una temporada ajetreada, o una llamada de atención para adoptar una nueva perspectiva frente a un problema.

TAMBIÉN DESTACA LA IMPORTANCIA DE NO SALTARSE NINGUNO DE LOS PASOS QUE DEBEMOS DAR PARA OBTENER AQUELLO QUE QUEREMOS.

TIRADAS DE TAROT DE LA BRUJA DE NOCHE

Como ya sabréis, el tarot es una herramienta más que empleada por muchas practicantes de brujería. Cada persona le da usos diferentes, desde predecir el futuro hasta buscar consejo sobre algún problema, pasando por invocar energías concretas durante trabajos mágicos. Hay infinidad de tiradas diseñadas con objetivos y finalidades muy distintas. Las siguientes tiradas de tarot son las que más realizo al llegar la noche. Algunas cuentan con preguntas un tanto complejas, y puede ser complicado interpretar las respuestas si únicamente contamos con una carta en cada posición.

NO DUDÉIS EN SACAR OTRA CARTA DEL MAZO PARA QUE COMPLEMENTE Y ACLARE EL SIGNIFICADO DE LA QUE YA TENÉIS PUESTA SOBRE LA MESA.

PARA CONOCER
MÁS SOBRE UN SUEÑO

1 ¿Cuál era el tema principal del sueño?

2 ¿Qué enseñanzas debo tomar de él?

3 ¿Qué significaba esta parte concreta del sueño? (mencionad aquella parte o elemento que no hayamos comprendido)

4 ¿Qué mensajes importantes he ignorado?

5 ¿Cómo se reflejará el contenido del sueño en mi «vida despierta»?

PARA DESCUBRIR
COMPLETAMENTE UNA SITUACIÓN

1 ¿Qué ha originado la situación?

2 ¿Qué se me está ocultando?

3 ¿Qué ha posibilitado que todo suceda?

4 ¿Quiénes están detrás de la situación?

5 ¿En qué energías me deberé apoyar?

6 ¿Sobre qué deberé reflexionar?

7 ¿Con qué debo tener cuidado?

8 ¿Cómo soluciono la situación?

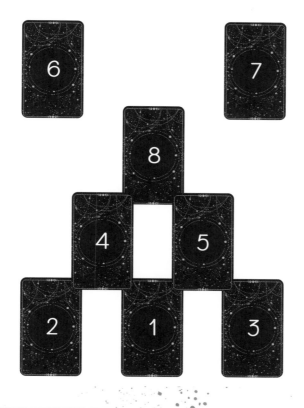

PARA RECONOCER UN PROBLEMA DENTRO DE NUESTRO CAMINO MÁGICO

1 ¿Qué está afectando a mi aprendizaje?

2 ¿Cómo está limitando mi práctica mágica?

3 ¿Qué cambios inmediatos podría hacer?

4 ¿Qué enseñanzas obtendré de la resolución del problema?

5 ¿Qué beneficios obtendré de la resolución del problema?

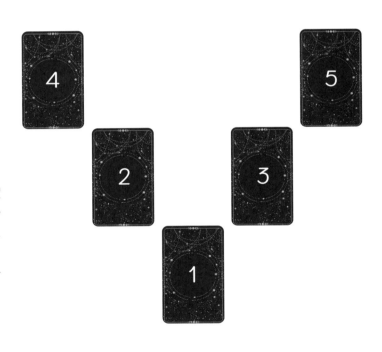

TIRADA DE LAS ANCESTRAS

1 Quién está comunicando el mensaje

2, 3 Mensaje

4 Aclaración del mensaje, información oculta

5, 6 Advertencia sobre lo comunicado

7, 8 Consejo sobre la situación

9 Quién estará dispuesta a ayudar

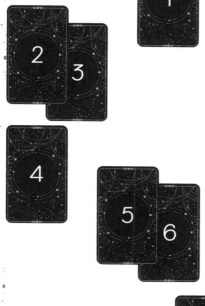

TIRADA DE LUNA NUEVA

1 Resumen del anterior ciclo lunar

2 Situación laboral durante el próximo ciclo

3 Situación financiera durante el próximo ciclo

4 Situación amorosa durante el próximo ciclo

5 Situación familiar durante el próximo ciclo

6 Situación espiritual durante el próximo ciclo

7 Predicción desde la luna nueva hasta el cuarto creciente

8 Predicción desde el cuarto creciente hasta la luna llena

9 Predicción desde la luna llena hasta el cuarto menguante

10 Predicción desde el cuarto menguante hasta la luna nueva

11 Advertencia, mayor obstáculo durante el próximo ciclo

12 Cómo superar el obstáculo

13 Enseñanzas que brindará el próximo ciclo

EL CIELO

El cielo nocturno ha sido, desde hace milenios, objeto de observación y contemplación. Los astros marcaban el paso del tiempo, ayudaban a guiar travesías marítimas y guardaban secretos sobre el futuro. Todavía hoy sigue siéndonos muy útil.

En el tiempo que llevo haciendo brujerías, me he dado cuenta de que es mejor estar en sincronía con aquello que pasa a nuestro alrededor. Esta no va a ser la primera ni la última vez que mencione la importancia de tener un diario de vuestra práctica mágica. Gracias a mi diario de seguimiento de hechizos he podido ver que aquellos tra-

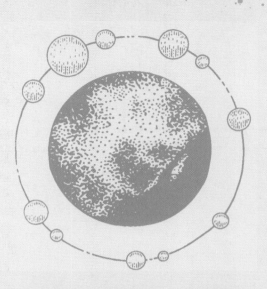

bajos mágicos con más éxito son los que han estado en sincronía con el momento astrológico, o los que al menos no han sido realizados en un día poco acertado. Está claro que podéis hacer magia cuando os convenga o sea necesario. Hay hechizos que, simplemente, no pueden esperar a la próxima luna llena en Piscis. Que el día no sea el ideal no significa que el hechizo esté destinado al fracaso, pero a lo mejor necesita un pelín más de esfuerzo.

AHORA BIEN, NUNCA ESTÁ DE MÁS MIRAR UN POCO EL CALENDARIO CUANDO TENEMOS NECESIDADES MÁGICAS.

Cabe destacar que las siguientes son nociones básicas que pueden ser de ayuda al planificar un hechizo, pero que las energías de esos astros y sus posiciones no son las únicas que entran en juego. La influencia del Sol en una posición poco acertada para hacer un hechizo de amor puede verse contrarrestada por otras posiciones y conjunciones verdaderamente idóneas.

Por ahora os brindo mi miniguía.

– LA LUNA –

La Luna es el primer astro que nos viene a la cabeza cuando pensamos en un paisaje nocturno; tal vez llena o en forma de sonrisa, pero siempre presente en los cielos, incluso oculta en aquellos más oscuros.

EL CICLO LUNAR

LUNA MENGUANTE
Ceremonias de agradecimiento, revisión de los objetivos y metas de la anterior.

LUNA NUEVA
Nuevas metas y objetivos, limpieza y purificación, hechizos de destierro.

LUNA CRECIENTE
Manifestación, hechizos de fortuna en el trabajo y de dinero.

CUARTO CRECIENTE
Rituales de sanación, atracción de amor y suerte.

Se relaciona la Luna con aquello que no está a simple vista, con las emociones, la intuición… Además, se le atribuyen a cada una de sus fases energías concretas.

CUARTO MENGUANTE
Hechizos y rituales de justicia, descanso.

GIBOSA MENGUANTE
Limpieza energética, rituales de protección, hechizos de destierro.

LUNA LLENA
Energía muy potente y poderosa, se puede usar para cualquier hechizo.

GIBOSA CRECIENTE
Cualquier hechizo de luna creciente, preparación para la luna llena (meditación, descanso).

LA POSICIÓN DEL SATÉLITE DENTRO DEL MAPA CELESTE TAMBIÉN ES MUY IMPORTANTE.

 LUNA EN ARIES

- Momento de hechizos que provoquen un voto de confianza o un salto al vacío, que ayuden a tomar riesgos o a que alguien tome la iniciativa.
- Son desaconsejables los trabajos mágicos relacionados con un compromiso sentimental o con proyectos a largo plazo.

 LUNA EN TAURO

- Tiempo para hechizos que promuevan la estabilidad emocional, así como la calma, y para atraer un amor fiel y dedicado.
- No se recomiendan los trabajos mágicos que provoquen una salida extrema de la zona de confort.

 LUNA EN GÉMINIS

- Ideal para hechizos destinados a quitar penas y racionalizar los sentimientos, a acomodar a la persona frente a novedades y cambios.
- Serán poco recomendables aquellos hechizos cuya finalidad sea un compromiso no solo emocional, sino compromisos laborales, estudiantiles…

LUNA EN CÁNCER

- Tiempo para hechizos que despierten emociones y sentimientos.
- También para protecciones energéticas y de vínculos con personas cercanas (como la familia).
- No se consideran adecuados los trabajos mágicos que impliquen o provoquen estar rodeadas de demasiada gente, ya sea cercana o desconocida.

———————— ☥ ————————

LUNA EN LEO

- Para hechizos de sinceridad que saquen a florecer verdades interiores.
- Y además aquellos que mejoren la autoestima y la confianza en una misma.
- En este caso son desaconsejables los hechizos y rituales destinados a establecer límites y acuerdos en relaciones, sobre todo si no queremos que estos sean excesivamente rígidos y estrictos.

———————— ☥ ————————

LUNA EN VIRGO

- Tiempo de hechizos de seguridad y orden, que racionalicen sentimientos y aclaren confusiones, o dedicados a encontrarse a una misma.
- Asimismo, para aquellos que retomen algo dejado de lado u olvidado.
- Son inadecuados aquellos trabajos mágicos dedicados a ayudar a otras personas que no sean muy cercanas, sobre todo si no se han reflexionado lo suficiente, por el desgaste emocional que pueden suponer.

———————— ☥ ————————

LUNA EN LIBRA

- Momento para realizar hechizos que pongan fin a un periodo de caos (principalmente sentimental).
- Es un buen periodo para hechizos dedicados a la reconexión entre personas.
- No recomendados los hechizos muy complejos o de autoconocimiento; existe una tendencia a analizar demasiado todo y puede ser una experiencia muy desgastante.

———————— ♁ ————————

LUNA EN ESCORPIO

- Ideal para trabajos mágicos que despierten la imaginación o nos saquen de un bloqueo creativo. Además, es un momento adecuado para realizar trabajos que guarden o destapen secretos.
- No recomendamos los hechizos cuya finalidad sea atraer paz absoluta.

———————— ♁ ————————

LUNA EN SAGITARIO

- Para aquellos trabajos mágicos que despierten optimismo y entusiasmo.
- También para aquellos hechizos que den pie a nuevos caminos u oportunidades.
- Pero no para los trabajos que den como resultado algún tipo de compromiso.

———————— ♁ ————————

LUNA EN CAPRICORNIO

- Idóneo para hechizos que reenfoquen el camino y para reenergizar proyectos que consideramos estancados.
- No son indicados los trabajos mágicos que promuevan la comunicación clara y asertiva entre personas sobre temas delicados o sensibles.

———————— ⚷ ————————

LUNA EN ACUARIO

- Perfecta para trabajos mágicos dedicados a generar espacio personal y a encontrarse a una misma.
- Además, será favorable para realizar trabajo de sombras, sobre todo si tenemos dificultades racionalizando sentimientos e identificando nuestras emociones.
- No son aconsejados aquellos hechizos cuya finalidad sea flexibilizar una situación o ciertas actitudes de una persona.

———————— ⚷ ————————

LUNA EN PISCIS

- Para trabajos emocionales, de empatía y pasiones varias, así como para aquellos que retiren bloqueos creativos o dedicados a tener sueños significativos.
- Son ideales los hechizos y rituales intuitivos, sin demasiadas exigencias a la hora de ejecutarlos.
- Pero no serán adecuados los hechizos relacionados con la toma de decisiones o cuya finalidad sea definir y marcar objetivos claros.

———————— ⚷ ————————

·– EL SOL –·

Pese a no ser visible durante nuestros hechizos de noche, es importante conocer su energía, que sí estará presente mientras hacemos magia.

TENER EN CUENTA LA POSICIÓN DEL SOL DENTRO DEL MAPA CELESTE A LA HORA DE AGENDAR UN HECHIZO PUEDE SER UN FACTOR DETERMINANTE PARA EL ÉXITO DE ESTE.

SOL EN ARIES

- Momento de hechizos que requieran de riesgo, busquen intensidad o llamar la atención, o cuya finalidad sea adquirir carácter.
- Poco recomendado para cosas que requieran de tiempo, evolución y meditación.

SOL EN TAURO

- Tiempo para realizar hechizos que tengan relación con el disfrutar, la tranquilidad, los placeres…
- También si la finalidad del hechizo es frenar o estancar una situación.
- No adecuado en trabajos mágicos relacionados con la toma de decisiones.

SOL EN GÉMINIS

- Idóneo para hechizos de cambios y adaptación a nuevas situaciones, para agradar a personas y ser sociables.
- También si la finalidad del hechizo es generar confusión o dudas.
- No se aconseja para los hechizos que no han sido correctamente planeados y reflexionados.

SOL EN CÁNCER

- Especialmente favorable para hechizos dedicados a despertar emociones, proteger o fortalecer a alguien, y para aquellos cuya finalidad sea exaltar las emociones hasta el punto en el que generen confusión.
- No será favorable para trabajos mágicos para destapar la verdad o hacer que alguien «salga del caparazón».

SOL EN LEO

- Periodo favorable para hechizos de amistad y vínculos duraderos, de felicidad y de agradar a nuevas personas.
- También para aquellos trabajos mágicos cuya finalidad sea sacar a relucir nuevas cualidades y talentos, y para magia *glamour* y hechizos de fascinación.
- Poco recomendado para hechizos de intuición y paz mental.

SOL EN VIRGO
- Tiempo para hechizos de concentración, protección y para retirar bloqueos del camino. Asimismo, para trabajos de introspección y hechizos de «atadura» (o restricción) sobre aquellas personas que sobrepasen nuestros límites.
- No es indicado para aquellos trabajos mágicos que tengan como finalidad desatar muchos sentimientos.

 SOL EN LIBRA
- Para hechizos relacionados con la armonía y la justicia, dedicados a reestablecer el orden o ajustar alguna cuenta pendiente.
- Y para trabajos que retiren vínculos tóxicos o para reunificar la familia (o los círculos cercanos).
- No es recomendado para magia ofensiva (o de ataque, enfrentamiento).

 SOL EN ESCORPIO
- Tiempo de hechizos que hagan aflorar emociones ocultas y promuevan la sanación interior.
- También para aquellos que tengan como finalidad mantener algo en secreto.
- No es aconsejable para trabajos mágicos que requieran de demasiada racionalidad.

 SOL EN SAGITARIO
- Momento especial para hechizos abrecaminos y de prosperidad (sobre todo en viajes y emigraciones).
- O de trabajos mágicos cuyo objetivo sea aclarar y determinar nuevas metas.

○ No es recomendado para hechizos que provoquen un salto de confianza en cualquier ámbito de la vida, sobre todo si no ha sido suficientemente reflexionado.

———————— ⚷ ————————

SOL EN CAPRICORNIO

○ Idóneo para hechizos cuyo objetivo sea conseguir algo ambicioso: el trabajo soñado, la relación deseada…
○ Poco favorable para aquellos trabajos que requieran de demasiada empatía para hacerlos funcionar; hechizos para otras personas, sobre todo si no son cercanas.

———————— ⚷ ————————

SOL EN ACUARIO

○ Momento adecuado para hechizos que busquen promover la comunicación o un beneficio no individual ni egoísta. También para energizar aquellos ámbitos de la vida que ya van bien.
○ No se recomiendan los hechizos cuya finalidad sea salir de la zona de confort en situaciones sociales.

———————— ⚷ ————————

SOL EN PISCIS

○ Tiempo de hechizos dedicados a adaptarse a nuevos terrenos, relacionados con las emociones, la empatía y los vínculos sentimentales. O para realizar trabajos mágicos que despierten la creatividad y la inspiración.
○ No favorable para los trabajos que requieran de excesivo raciocinio, o cuyo fin sea tomar decisiones.

———————— ⚷ ————————

·– COMBINACIONES
Y EVENTOS ASTROLÓGICOS –·

Podría pasarme el resto del libro hablándoos de las relaciones entre planetas, sus diferentes energías, las variantes que pueden suceder y un largo etcétera. Pero, como es un libro de hechizos…, os dejo mis combinaciones astrológicas preferidas y algunos eventos celestes, y para qué tipo de hechizos las suelo usar. Para planificar cuándo tendrán lugar estos eventos, podéis buscar en páginas virtuales que proporcionen calendarios astrológicos o listados varios, así como otros calendarios astrológicos en formato físico. ¡Mis preferidos son los que se incluyen en almanaques locales!

CONJUNCIÓN ENTRE JÚPITER Y VENUS

♃

Júpiter

♀

Venus

○ Es una combinación armoniosa que brinda abundancia, crecimiento y placer.

○ Será muy buen momento para hechizos relacionados con el dinero, la buena suerte e incluso la mejoría de vínculos para que tengan abundancia tanto económica como amorosa.

CONJUNCIÓN ENTRE JÚPITER Y MARTE

♃

Júpiter

♂

Marte

○ Esta combinación de sabiduría y poder es genial para aquellos hechizos que traten de mejorar a una persona, sobre todo en el ámbito profesional, dotándola de concentración, agudeza intelectual y dotes comunicativas.

CONJUNCIÓN ENTRE JÚPITER Y SATURNO

Júpiter

Saturno

○ Se trata de una combinación energética que trae consigo tomas de conciencia, cierre de ciclos y nuevos inicios (principios y finales), y una visión de lo vivido hasta el momento.

○ Es el momento de realizar hechizos que nos mejoren como personas, renovarnos, trabajar en cada una de nosotras y hacernos preguntas.

CONJUNCIÓN ENTRE VENUS Y MERCURIO

Venus

Mercurio

○ La combinación de un planeta vinculado a los sentimientos y otro asociado a la comunicación da como resultado una energía creadora, de inspiración; despierta habilidades artísticas y retira bloqueos creativos.

VENUS, MARTE Y SATURNO EN VIRGO

Venus

Marte

Saturno

Virgo

○ La coincidencia de estos tres planetas en Virgo aporta una energía muy concreta, capaz de atraer riquezas y hacerlo de manera poderosa.

VENUS EN OPOSICIÓN A PLUTÓN

Venus

Plutón

- Esta oposición planetaria es perfecta para aquellos hechizos que sean por motivo de un ajuste de cuentas. No os recomiendo realizar hechizos de autoestima, que fortalezcan vínculos sanos entre personas ni aquellos que resuelvan problemas (sobre todo si estos son emocionales).

ECLIPSES SOLARES

El Sol

- La energía concreta de cada uno de ellos depende del resto de los aspectos del mapa celeste. Aun así, los eclipses solares traen consigo una energía poderosa, ideal para sacarnos de nuestra zona de confort.
- En los días cercanos a este evento podemos notar cambios que nos impulsen a nuevos horizontes.
- Es la energía perfecta para acompañar nuevos comienzos, hacer hechizos que mejoren una situación profesional o que finalicen un periodo de estancamiento.

ECLIPSES LUNARES

La Luna

- Igual que los eclipses solares, la energía concreta de los lunares está condicionada por los demás aspectos del mapa celeste. Los eclipses lunares son periodos muy muy emocionales, y pueden traer consigo finales o grandes descubrimientos personales.
- También despiertan la necesidad de tomar grandes decisiones de manera súbita: desde casarse hasta romper con una pareja.
- Será entonces una energía indicada para acompañar endulzamientos, cortes de lazos, e incluso para realizar trabajo de sombras. Aviso para navegantes: será una sesión muy intensa.

Dependiendo del evento astrológico, es posible que notemos cambios en nosotras. ¡Cada persona es un mundo! Yo misma tengo altibajos energéticos que coinciden con el calendario lunar. Antes de los eclipses también puedo sentir toda la fuerza que traen consigo; a veces me cuesta conciliar el sueño, otras veces estoy cansada todo el día o incluso de mal humor. Por muy maravilloso que sea un día para hacer un hechizo concreto, si no me encuentro en condiciones lo dejo para más adelante.

Cuando un evento astrológico de gran importancia va a tener lugar, pero en ese momento no tengo intención de emplear la energía (porque no me va mal en los estudios, por ejemplo) o simplemente no voy a hacer un hechizo, aprovecho igualmente para preparar velas cubiertas de hierbas que coincidan con la energía del acontecimiento. Más adelante, si yo o alguna persona conocida necesitamos un hechizo que se beneficiaría de esa energía, quemo una de esas velas mientras lo realizo.

ADEMÁS, SOBRE TODO SI EL EVENTO COINCIDE CON ALGUNA LUNA ESPECIAL, HAGO AGUA DE ESE MOMENTO ASTROLÓGICO.

Luego la uso cuando considero conveniente. ¡No os olvidéis de etiquetar la botellita con el día y los astros del momento!

PARTE 2

LA BRUJA

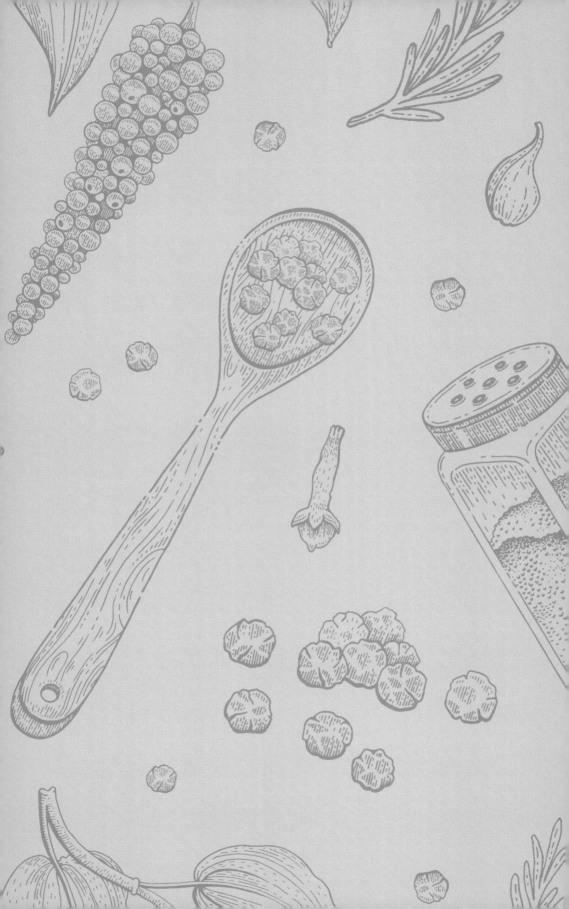

La magia ha sido practicada a lo largo de la historia por gente de cualquier edad y clase. La forma que tomaban sus prácticas mágicas iba íntimamente ligada con la tradición de cada zona, así como con las posibilidades económicas de aquellas personas practicantes. Quienes contaban con riqueza podían adquirir textos importados de grandes autores, mientras que las otras personas solo hacían uso de los conocimientos heredados y transmitidos de manera oral. Este segundo tipo de magia, la magia popular, es la que más domina mi práctica personal en lo que a hechizos se refiere. Magia hecha en casa, hechizos con cuatro hierbas y una cuchara de palo, brujería en forma de plato de cocina... Aquellas que me hayáis leído antes sabréis cuánto me gusta un buen horneado encantado.

No han sido pocas las veces que he oído hablar de la magia popular (o «baja magia») de manera tremendamente despectiva, como si fuese una práctica simple y fácil; sin ningún tipo de lógica, razón ni principios. Es cierto que, en comparación con otros tipos de magia, la brujería y la hechicería popular no son excesivamente

ceremoniosas, ni requieren de materiales complejos y difíciles de obtener. Tampoco necesitan de rezos llenos de palabros extraños y místicos. Es una magia que podemos hacer nuestra fácilmente. Tal vez porque la baja magia haya sido practicada de un modo tradicional por las clases populares (destacando las mujeres), esta ha sido tremendamente perseguida durante la historia.

La figura de la bruja en la noche no es nada del otro mundo. Quiero decir que ya se nos suele asociar con este momento del día por mucho que practiquemos brujería en otros periodos de tiempo. No voy a filosofar más sobre la noche y las brujas de lo que ya he hecho en la introducción de esta obra. Ahora bien, os pido que le deis un par de vueltas a la última parte de ese pequeño escrito: qué pasa en la noche y por qué, como brujas, decidimos hacer nuestra magia en este momento del día. ¿Qué es para vosotras la noche? ¿Qué nos ofrece a diferencia del día?

Veréis, la brujería nocturna se suele programar de manera específica en un momento concreto de la noche, así como la brujería diurna también cuenta con sus momentos simbólicos. Practicamos brujería de noche al empezar el atardecer, justo cuando el sol se esconde, a medianoche, horas antes del amanecer, o incluso con los primeros rayos de luz. También durante las diversas lunas del año y sus fases. Estos momentos, de oscuridad plena o parcial, tienen varias energías y simbologías (bastante deducibles si se reflexiona un pelín).

He escuchado muchas veces la frase «la intención lo es todo», haciendo alusión a que no hace falta cumplir con los requisitos de un hechizo a rajatabla. Si bien es cierto que la enorme mayoría de los hechizos son adaptables a nuestras posibilidades, y suelen seguir funcionando si no incluimos todas las hierbas del listado o no disponemos de los materiales, siempre es mejor contar con todo aquello que es necesario. La intención es una gran parte de nuestros trabajos mágicos, pero si todo fuese intención no haríamos ninguna otra magia más allá de manifestar. Cada uno de los componentes de un hechizo cumple una función concreta dentro de este. Para modificar el hechizo y adaptarlo a un caso específico, o para saber qué flor podemos obviar, tenemos que entender qué energías tiene y cuál es su cometido dentro del trabajo mágico. También añadiremos encantamientos, conjuros u oraciones (ya sean de cosecha propia o tomados de alguna otra autora) para energizarlos. Al hacer un hechizo o ritual, la bruja será la encargada de elegir aquellas energías, elementos, momen-

tos y materiales que la ayuden en su trabajo, para obtener el resultado esperado.

Las brujas que conozco han tenido siempre un papel de cuidadoras dentro de sus comunidades. Asegurando buenas cosechas, revirtiendo la sequía, formulando remedios para aquellas personas que caían enfermas y fabricando pequeños amuletos para hogares y corrales. Como bruja siento que, muchas veces, mi intervención mágica es un gran recurso para mejorar la situación de las personas que me rodean. No toda mi magia la dedico al bienestar de otras personas, pero sí entiendo que yo también debo cuidar a aquellos que me cuidan. ¿Cómo no voy a encender un par de velas para que mi pareja apruebe un examen? ¿Por qué no voy a formular una infusión que mejore el dolor de mi tía? Lo hago siempre que puedo y que lo siento correcto.

CUÁNDO NO HACER MAGIA

Antes de pasar a la parte principal de este libro (sí, los hechizos), quería dedicar un apartado a un tema del que se habla demasiado poco: cuándo dejar de hacer magia.

Hay hechizos, rituales y remedios para absolutamente cualquier cosa: recuperar una amistad, enamorar a alguien, parecer inocente, provocar un dolor de muelas, hacer que llueva, encontrar un objeto perdido, hacer que crezca el pelo, aprender algo rápidamente e incluso para que alguien tenga una canción en bucle en la cabeza durante varios días. De hecho, una vez que aprendes un poquito de brujería resulta muy fácil modificar hechizos o formular otros nuevos para que encajen exactamente con aquello que necesitas. No hay problema demasiado raro: seguro que hay alguna brujería que lo pueda tratar.

Lo que más me ha costado en mi camino dentro del mundo de la brujería no ha sido aprender a hacer cosas, sino saber cuándo dejar de hacerlas. Es por eso por lo que incluyo estas preguntas antes de mostraros ningún hechizo, para que os las hagáis antes de hacer magia.

DE PASO, TAMBIÉN OS DEJO UN POQUITO DE MIS REFLEXIONES SOBRE ELLAS.

·– ¿CÓMO ESTOY? –·

Mirarnos un poco el ombligo antes de ponernos nuestro sombrero es muy útil. No voy a filosofar demasiado sobre esta pregunta, pero recordad que debéis cuidaros. Hay hechizos que despiertan muchas emociones, que sacan a flor de piel dramas y traumas olvidados, y que desgastan muchísimo, tanto física como psicológicamente. El hechizo puede esperar un tiempo hasta que os encontréis con fuerzas para realizarlo, o hasta que hayáis pensado bien si hacerlo o no. Descansad y preparaos una infusión deliciosa.

NUNCA OS DEJÉIS DE LADO PARA HACER MAGIA.

·— ¿POR QUÉ QUIERO HACER ESTE HECHIZO? —·

El beneficio personal, al menos a mi parecer, es más que suficiente para hacer ciertas cosas. Hechizos de autoestima, protección, belleza, paz... Son especiales, solo para nosotras mismas. Aunque no afecten a nadie más, tal vez lo que añoremos conseguir practicando magia sobre nosotras sea un poco más profundo de lo que nos parece, y nunca está de más darle un par de vueltas al asunto.

Habrá veces que queráis actuar mágicamente sobre alguien de una manera poco amable. Somos humanas y cada persona es un mundo. Nunca estaremos del todo preparadas para cuando llegue la gota que colme el vaso y queramos descargar rayos y truenos sobre alguien. ¡Os lo aseguro!

PARARNOS A PENSAR DE DÓNDE VIENEN LAS EMOCIONES QUE DESATAN TODAS ESAS COSAS ES MUCHO MEJOR QUE ECHAR DOS MALEFICIOS Y ENCANTAMIENTOS Y SEGUIR CON NUESTRO DÍA A DÍA.

No lo digo por el karma ni otras cosas del estilo, porque tampoco forman parte de mi sistema de creencias. Os lo cuento por el beneficio real del hechizo que yo realice. A lo mejor me alegro un pelín cuando se le inunde la cocina a la vecina que me ha hablado mal, pero os aseguro que ahí se acabará mi satisfacción. Si no he trabajado en mí misma, volverá a pasar exactamente lo mismo cuando me encuentre en otra situación que me haga perder los papeles. No merece la pena ir malgastando vuestra energía a diestro y siniestro para estas cosas.

Habrá hechizos que al actuar sobre una persona en concreto bene-
ficiarán a varias, e incluso evitarán un mal mayor. Podemos intentar
mejorar la situación o tomarnos la justicia por nuestra mano. La segunda opción necesita de más reflexión que la primera. Los hechizos que
empeoren la situación de alguien nunca deben ser nuestro primer ni
segundo recurso, pero a veces no quedan más cartas que jugar.

**LA MAGIA DE ESTA NATURALEZA PUEDE
PROVOCAR UN DAÑO DIRECTO O GENERAR
UNA SERIE DE COINCIDENCIAS QUE HAGAN
QUE TODO EL MAL PROVOCADO SALGA A LA
LUZ Y AQUELLA PERSONA CULPABLE PUEDA
SUFRIR LAS CONSECUENCIAS (LEGALES,
POR EJEMPLO). EL OBJETIVO ES QUE
OBTENGA SU MERECIDO.**

Puedo contar con los dedos de una mano las veces que he recurrido
a esta magia, tomándome la justicia por mi cuenta, y aún me sobraría
algún dedo. Mis intentos de mejorar la situación (tanto mágicos como
personales) no habían sido suficientes como para resolver todo el daño
causado, y como último recurso usé este tipo de magia. Nada de una
maldición infinita, ni mucho menos; lo suficiente como para que sus
acciones cesaran, se devolviera todo el mal provocado y todo el mundo supiese qué habían hecho. Nunca merece la pena excederse.

·— ¿CUÁL SERÁ EL RESULTADO DEL HECHIZO? —·

Esta pregunta va íntimamente ligada con la anterior. No me refiero solamente al beneficio en sí del hechizo, ni a si va a ser propio o colectivo. Pensad verdaderamente en el resultado global. Como ya os he dicho, no creo en el karma ni en asuntos similares, pero sí en las consecuencias, porque todo acto tiene siempre alguna consecuencia. ¿Qué estaremos provocando en la vida de esa persona sobre la que haremos el hechizo? ¿Vale la pena? ¿Podemos hacer algo diferente, que dé un beneficio similar pero con un resultado distinto?

ESTA ÚLTIMA PREGUNTA ES LA QUE ME HIZO ABRIR LOS OJOS CONTRA CIERTO TIPO DE MAGIAS DEL CORAZÓN.

No hablo de aquellas que promueven encuentros aparentemente casuales, que reencienden la llama del amor, o que endulzan malos tragos en una pareja, sino de aquellas magias que amarran y obsesionan a alguien. Además de lo poco ético que me parece el hecho de obligar a alguien a estar a tu lado, ¿cuál es el resultado? ¿Sería yo capaz de estar con alguien cuyos sentimientos no son verdaderos sino generados por mi magia? La respuesta es un «no» rotundo.

También está bien mirar un poco más allá en hechizos aparentemente inofensivos y sencillos, como los de paz entre personas, trabajo o fortuna. Una de las creencias más popularizadas en estos últimos años, sobre todo por parte de ciertas ramas neopaganas, es que es posible realizar magia «que no dañe ni afecte a nadie». Pero toda magia tiene una consecuencia y, aunque el objetivo del hechizo no sea provocar un mal, el resultado terminará afectando —de una manera u otra— a terceras personas que no están involucradas en nuestra vida

o en nuestra magia. Por ejemplo, haciendo un hechizo para lograr mi éxito en una entrevista laboral para un puesto único en una empresa, tendré mayor ventaja que el resto de las personas entrevistadas y alguien se quedará fuera mientras yo ocupo el puesto.

AL HACER MAGIA ESTAMOS MODIFICANDO LA REALIDAD DE UNA U OTRA FORMA, Y ES POR ESTE MOTIVO POR EL QUE HACEN FALTA CINCO MINUTOS DE DELIBERACIÓN ANTES DE PONER LA MANO EN LA VARITA.

El texto anterior puede haber sido uno de los discursos más largos que he dado nunca sobre magia y moral, pero necesitaba establecer algunas bases para tener la conciencia tranquila. Algunas de las brujerías que pongo en vuestras manos necesitan de extensas reflexiones antes de ser practicadas.

Ahora sí, mis hechizos de noche preferidos. Por si aún no lo habéis deducido, no creo en la separación entre magia blanca y magia negra. La magia y la infinidad de sus posibilidades no deberían quedar reducidas a un par de categorías. Además, varios hechizos de mi repertorio más personal no podrían ser clasificados en ninguno de los dos apartados.

SOY UNA FIRME CREYENTE DEL JUICIO DE CADA BRUJA SOBRE SUS PROPIAS ACCIONES, RESPONSABILIZÁNDOSE A LA VEZ DE LAS POSIBLES CONSECUENCIAS.

HECHIZOS DE
LA BRUJA DE NOCHE

MAGIA
CON ESPEJOS

Los espejos son una de las herramientas a las que más recurro en mi práctica. Aunque el primer objeto que nos venga a la cabeza al pensar en brujas sea una escoba o una varita, los espejos también guardan su parte de magia. Hay miles de leyendas, mitos y cuentos que incluyen, en alguna parte, un espejo (o una superficie reflectante). En ellos aparecen protagonistas que se quedan atrapados en su reflejo, espejos mágicos que son capaces de adivinar o de mostrar lugares lejanos, e incluso algunos que sirven de portal. Dejando de lado la fantasía, las brujas también usamos espejos con esos mismos fines.

RECORDAD PROTEGEROS A VOSOTRAS MISMAS Y A VUESTRO ESPACIO ANTES DE EMPEZAR CUALQUIER TRABAJO MÁGICO.

ADORNO DE ESPEJO

Para proteger el hogar, devolver malas energías

Dificultad: II	Necesitaremos:
Mejor durante: medianoche, matutino	o Un espejo
	o Ramas de roble
	o Ramas de espino
	o Ramas de romero
	o Hilo rojo
	o Hilo blanco
	o Hilo negro
	o Cera de abeja

Empezaremos purificando la energía de nuestro espejo. Lo pondremos sobre una superficie plana, con la parte reflectante hacia arriba, e iremos disponiendo nuestras ramitas alrededor de este, formando un marco, hasta encontrar una forma que os guste. Para crear una estructura capaz de aguantar el espejo por sí misma, poned ramitas de roble y romero por detrás del espejo y por delante las de espino, dejando encajado el espejo justo en medio. Cuando tengáis más o menos dispuesto vuestro marco, id uniendo las ramitas entre ellas con cuidado, sin cortar el hilo hasta terminar la vuelta. Es decir, haréis una primera atadura de todas las ramitas del marco con el hilo rojo, luego una segunda con el hilo blanco y,

por último, otra con el hilo negro. Si os resulta demasiado complicado, podéis sujetar las ramas con alguna cinta adhesiva mientras anudáis y retirarla posteriormente.

Una vez que hayamos enmarcado el espejo en las maderas protectoras, derretiremos un poco de cera de abeja para colocarla en las uniones de las ramas, sellando así los nudos que hemos ido haciendo. Por último, formaremos algún tipo de colgajo, con hilo o añadiendo un gancho metálico, y colgaremos nuestro espejo en la fachada externa del hogar, de manera que refleje el exterior. Podemos ponerlo al lado de la puerta principal, en la repisa de alguna ventana... Mientras lo colocáis en la posición que queráis, os recomiendo recitar algunas palabras.

**«Refleja aquello que no es bienvenido,
aleja de mi puerta los males cuando llamen,
retorna a quien envíe maldiciones y llanto».**

ESCUDO DE ESPEJO

Para protegernos, crear un señuelo de trabajos mágicos

Dificultad: III	Necesitaremos:	
Mejor durante: **medianoche, intempesta**	◉ Una caja negra y opaca ◉ Un espejo ◉ Algún adhesivo ◉ Tela gruesa (algodón, fieltro) ◉ Aguja e hilo	◉ Musgo verde seco ◉ Uñas o pelo (propios o de la persona que requiere protección) ◉ Tijeras

Este hechizo es una mezcla de magia con espejos y magia simpática, donde crearemos una «miniyo» que recibirá los males en nuestro lugar. Comenzaremos purificando nuestra caja y espejo, así como la tela que emplearemos. Recortaremos la tela en forma de muñeco humano, como la que tienen las galletas de jengibre. Haremos dos piezas: una delantera y otra trasera. Si quisiéramos vincularnos aún más con el muñeco, usaríamos tela de alguna prenda de ropa que utilicemos mucho.

Tomaremos la aguja y el hilo y coseremos nuestro muñeco por los bordes, uniendo así ambas piezas de tela. Para este paso prefiero usar una puntada de ojal. Dejad sin coser un trocito del lateral, para poder rellenar el muñequito. Tomaremos el musgo verde y lo iremos introduciendo con cuidado por la apertura. Cuando hayamos rellenado el muñeco hasta la mitad, introduciremos algún recorte de uña, un pequeño mechón de pelo… Algo biológicamente nuestro —o perteneciente a la persona a la que queremos proteger—. Seguiremos rellenando de musgo y, al terminar, coseremos la apertura del muñeco. Si os sentís muy artísticas, podéis bordarle una carita, ponerle complementos o incluso hacer versiones en miniatura de vuestra ropa habitual. Es importante que nos concentremos en nuestra intención durante todo el proceso de construcción del muñeco: estamos haciendo un señuelo de trabajos mágicos indeseados.

Introduciremos el muñeco-señuelo en el fondo de la caja. Tomaremos el espejo con ambas manos y le daremos la orden de reflejar y devolver toda aquella energía indeseada que haya sido dirigida a nosotras (es decir, al muñequito). Entonces, introduciremos el espejo en la caja. Este debe ser lo suficientemente grande como para que tape por completo el muñeco y el fondo de la caja, quedando inclinado en el interior de esta, como un tejadito bajo el que descansará el muñeco. La parte reflectante del espejo debe enfocar al exterior, no al muñeco. Hay brujas que dejan la caja destapada después de cubrir el muñeco con el espejo inclinado, pero yo suelo poner la tapa. Mientras lo disponemos todo en su lugar, podemos recitar algún conjuro. El siguiente se realiza conforme se dibujan cruces con el dedo índice sobre las zonas nombradas del muñeco.

«La señal de la cruz hecha por María a su hijo,
señal de la cruz por la muerte,
señal de la cruz por la herida,
señal de la cruz del pecho a la rodilla,
señal de la cruz de la rodilla al pie,
señal de la cruz de las tres señales de la cruz,
señal de la cruz de las cinco señales de la cruz,
de la coronilla de tu cabeza
a las plantas de tus pies.
Señal de la cruz de los siete páter, una,
Señal de la cruz de los siete páter, dos,
Señal de la cruz de los siete páter, tres,
Señal de la cruz de los siete páter, cuatro,
Señal de la cruz de los siete páter, cinco,
Señal de la cruz de los siete páter, seis,
Señal de la cruz de los siete páter, siete,
sobre ti ahora,
de la esquina de tu ceja
a las coloradas plantas de tus pies,
para guardarte por detrás,
para mantenerte por delante...».

Para realizar este tipo de hechizo hay muchas otras opciones: una de ellas es cubrir la parte externa de una caja con espejos encarados al exterior y poner el muñequito dentro. Hay variantes empleando otros materiales reflectantes, como el papel de aluminio. La cuestión es que nuestro señuelo tenga un escudo que no lo refleje a él, sino a lo que se le dirige.

Carmichael, A. (1992) *Carmina Gadelica (Charms of the Gaels)*. Edimburgo, pp. 134-135.

TAROT Y ESPEJO

Para amplificar una energía concreta, proyectar alguna cosa

Dificultad:	II	Necesitaremos:
Mejor durante:		○ Un espejo pequeño
dilúculo		○ Una baraja de tarot
		○ Una vela de té
		○ Jengibre

Este pequeño ritual me ha sacado de más de un apuro en estos últimos años. Tomaremos la baraja entre nuestras manos y respiraremos profundamente varias veces. Esparciremos las cartas del revés sobre una superficie plana, sin seguir ningún orden en particular. Cerraremos los ojos y volveremos a calmar la respiración, poniendo nuestras manos sobre las cartas sin llegar a tocarlas. Nos concentraremos en aquello que estamos buscando, lo que necesitemos. Tal vez queramos más seguridad para hacer una exposición, calma para una primera cita, claridad para un examen… No tiene por qué ser un evento señalado; también podéis pedir el empujoncito que necesitaréis durante la semana.

Mientras reflexionáis sobre la energía que queréis recibir, moved las manos por encima de las cartas. Pese a no estar en contacto con ellas, es posible que sobre algún punto en concreto notéis algo en las palmas de las manos. Personalmente suele ser una sensación de calor, pero conozco personas que notan un cosquilleo o una tendencia del brazo a moverse hacia un punto determinado. Sea como fuere, id acercándoos a alguna de las cartas guiándoos por vuestras sensaciones e intuición y separadla del resto. No quiero decir que toda esta primera parte sea prescindible, pero también podéis tomar la carta que queráis en vez de «buscar la indicada». Aunque tome algo más de tiempo, a mí me gusta hacerlo igualmente.

Miraremos bien la carta seleccionada, reflexionando sobre su significado y por qué ha sido la elegida. Os recomiendo que apuntéis aquello que reflexionéis, sobre todo si habéis sacado la carta como os he propuesto. Tomaremos el espejo y lo pondremos enfocando hacia donde queramos dirigir la energía de la carta, apoyándolo en algún lugar. Puede ser al exterior, a nuestra zona de trabajo en casa, o al lugar que tengamos que ordenar. Todo depende de nuestra situación y de la carta que hayamos obtenido. Pondremos la carta justo delante del espejo, de manera que la parte reflectante y el dibujo de la carta estén enfocando en la misma dirección. Es decir, la parte de la carta que deberá estar tocando el espejo —y reflejándose directamente sobre él— será el reverso. Al disponer la carta le daremos una orden clara al espejo mientras espolvoreamos una pizca de jengibre sobre todo el conjunto.

**«Refleja y amplifica,
dame esta energía».**

Después encenderemos la velita delante del espejo con la carta y dejaremos que arda tanto tiempo como podamos controlar la vela. Cuando ya no necesitéis la energía de esa carta o queráis volver a repetir el proceso, simplemente soplad un poco sobre ella para purificarla y volvedla a introducir en la baraja.

ESPEJO, ESPEJITO

Para proyectar belleza, atraer amor propio

Dificultad: III	Necesitaremos:
Mejor durante: **medianoche,** **galicinio,** **dilúculo**	• Espejo • Agua de arroyo • Lavanda • Rosa • Azahar • Frasco de vidrio • Olla • Cuchara de palo • Filtro de café

Empezaremos purificando correctamente el espejo. Lo idóneo para este trabajo mágico en concreto es que sea un espejo nuevo. Pondremos el agua de arroyo dentro del frasco y la calentaremos al baño maría. Mientras añadimos las flores al frasco y removemos conforme infusionan, encantaremos el preparado con algún escrito que enumere aquellas cualidades físicas que queramos proyectar o potenciar.

«Belleza ven los ojos que me miran,

bonitas mis facciones,

suave de apariencia.

Belleza ven los ojos que se fijan,

mirada brillante,

sonrisa agradecida.

Belleza ven los ojos que se posan,
suave cabellera,
dulce olor a rosas.

Belleza ven los ojos que me miran,
belleza ven los ojos que se fijan,
belleza ven los ojos que se posan,
belleza en mí sobre todas las cosas».

Tras uno o dos cuartos de hora infusionando el preparado, apagaremos el fuego y dejaremos que se enfríe poco a poco. Con ayuda de un filtro de café, nos desharemos de los restos orgánicos si lo creemos conveniente.

Mojaremos el dedo índice de nuestra mano dominante en el agua de arroyo y las flores, y dibujaremos algún sigilo de belleza o amor propio mientras nos reflejamos en el espejo. Es importante que este ocupe tanta superficie del espejo como sea posible. Mientras dibujamos, volveremos a recitar las palabras con las que encantamos la infusión. Esperaremos a que el espejo se seque y aprovecharemos el agua restante para regar alguna plantita o fregar rápidamente el suelo. Cuando uséis el espejo para proyectar al exterior esa imagen concreta de vuestro ser, volved a recitar el encantamiento. Este pequeño trabajo mágico es ideal para encantar el espejo en el que os arregláis por las mañanas.

FRENTE AL ESPEJO

Para devolver algún daño, retorno rápido

		Necesitaremos:
Dificultad:	**III**	○ Un espejo pequeño, de mano
Mejor durante:		○ Papel y bolígrafo
conticinio,		
medianoche		

Este volteo rápido puede llegar a ser tremendamente efectivo si se hace con la intención correcta. Primero tomaremos nuestro espejo con ambas manos, intentando no reflejarnos en él, y le daremos la orden exacta de la acción que deberá desarrollar.

> **«Retorna y refleja,**
>
> **devuelve sus males.**
>
> **Haz que se encuentre**
>
> **frente a sí misma».**

Luego, escribiremos sobre el papel la información de la persona a la que le queremos devolver sus trabajos o sus males: nombre, apellidos, lugar y fecha de nacimiento… Mientras lo hacemos, visualizaremos bien a esa persona. Nos intentaremos acordar de su perfume, su voz, los sitios a los que va, etcétera. Pondremos entonces el papel escrito boca arriba en una superficie plana, y lo taparemos con el espejo de manera que la parte reflectante quede boca abajo (reflejando el papel). Entonces recitaremos algún conjuro de retorno, reflejo o volteo mientras ponemos nuestras manos sobre el hechizo.

«Retorna y refleja,
devueltos tus males.
Recibe en tu puerta
el mal que fuera haces.

Retorna y refleja,
devueltos tus males.
No habrá silencio ni descanso
hasta que por tu mal pagues».

CAJA DE ESPEJOS

Para retener a alguien dañino, devolver el daño provocado

Dificultad: **IV**	Necesitaremos:
Mejor durante: **véspero, crepúsculo, medianoche**	○ Una caja opaca, preferiblemente con un cierre metálico ○ 6 espejos del mismo tamaño que los lados de la caja ○ Algún adhesivo ○ Papel y bolígrafo ○ Fotografía ○ Hilo negro

Empezaremos tomando los espejos, de manera que no nos miremos en ellos ni se refleje directamente nuestra cara. Os recomiendo tenerlos encima de una superficie plana, como una mesa o vuestro altar, reflejando el techo de la habitación. Iremos pegando los espejos dentro de la caja, empezando por el del fondo, siguiendo por los laterales y terminando en la tapa. La parte reflectante de los espejos debe estar situada hacia el interior de la caja, siendo la parte no reflectante la que hemos adherido a las paredes de esta. Mientras los disponéis, recordad ir intencionando vuestro trabajo. Aquello que pongamos dentro de la caja de espejos se verá reflejado y multiplicado sobre sí mismo, y recibirá de vuelta aquella energía que desprenda.

Escribiremos sobre un papel el nombre de la persona dañina, e incluiremos una fotografía de esta si es posible. Luego lo doblaremos tres veces, haciendo los pliegues del papel hacia fuera. Si nos sentimos un poco más creativas, podemos coser un muñeco que lo represente (con tela de su ropa, bordando su nombre, rellenándolo con su foto…). Seguidamente, ataremos con el hilo el papel (o el muñeco), dándole nueve vueltas y haciéndole nueve nudos al terminar. Es en este momento cuando podemos repetir algún pequeño encantamiento, mientras envolvemos con el hilo y hacemos los nudos.

«Manos y pies atados,

recibes tu reflejo».

Por último, pondremos nuestro pequeño atadillo dentro de la caja, mientras visualizamos cómo atrapamos el mal de esa persona dentro de ella. Al cerrar la tapa, me gusta meditar unos momentos con mis manos envolviendo la caja, pero sin llegar a tocarla, reteniendo aún más la energía que he encerrado dentro.

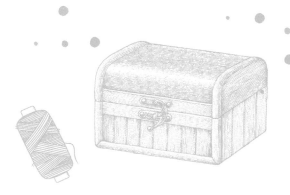

Hay brujas que, además, optamos por recubrir de espejos la parte exterior de la caja. Al recubrir la caja también por fuera, conseguimos que sea mucho más complicado acceder al hechizo que hay dentro reteniendo a esa persona. Aquella persona que intente revertir nuestro trabajo mágico necesitará de más esfuerzo para ejecutarlo de manera exitosa, porque, dependiendo de qué intente, simplemente rebotará en los espejos exteriores, sin llegar al interior de la caja. Si decidís colocar espejos exteriores, intencionadlos de manera que devuelvan la energía a quien la esté enviando.

EN EL ESPEJO

Para adivinar o descubrir cosas ocultas

Dificultad: **V**	Necesitaremos:
Mejor durante: **medianoche, conticinio, intempesta**	○ Un espejo de tamaño mediano o grande ○ Ceniza de romero ○ Un cuaderno ○ Un velo blanco o negro (o un pañuelo de tela fina o encaje de ese color)

Emplear espejos para adivinar no parece complicado, dado que es una herramienta muy visual y accesible. Aun así, puede ser verdaderamente complejo, sobre todo por los riesgos emocionales que supone. Dependiendo de la bruja, emplear espejos para adivinar no es algo que les atraiga ni les dé buenas sensaciones. Es correcto también decidir que no se quiere practicar este tipo de adivinación.

Empezaremos purificando nuestro espejo y el espacio en el que trabajaremos. Colocaremos el espejo en el suelo, poniendo algún objeto en uno de sus lados para generar una leve inclinación, de manera que podamos ver claramente toda la superficie sin reflejarnos directamente. En un momento muy tranquilo, con una luz suave, tomaremos nuestro velo, poniéndolo entre nuestras manos, e invocaremos su capacidad protectora con unas simples palabras.

«**Protégeme, cúbreme,**

deja que, sin ser vista, vea».

Seguidamente, nos lo pondremos sobre la cabeza de manera que nos cubra la cara y el pelo. Hay brujas que usan sus espejos sin velo, pero yo prefiero emplearlo. Una vez cubiertas, nos sentaremos delante de nuestro espejo en una posición cómoda. Con el dedo índice de la mano derecha, tomando un pelín de ceniza de romero, dibujaremos un pentáculo en la parte central del espejo, visualizando cómo nada puede entrar ni salir de él, pero sí aparecer reflejado. Hay practicantes que prefieren dibujar alguna runa o sigilo protector junto a uno de comunicación. ¡Haced lo que consideréis más adecuado!

Cuando todo esté listo, relajaos profundamente. Meditad mientras miráis en el espejo de la manera más fija posible. Concentraos en aquello que queréis saber, en esa información que os gustaría recibir, o simplemente estad abiertas a recibir un mensaje. Intentad mantener la mirada en un punto, para que el resto de vuestra vista se desenfoque.

Tal vez podáis ver alguna luz de un color, sombras, letras o escuchéis algún sonido. Los conocimientos y datos que se obtienen mediante este método a veces pueden ser tremendamente crípticos. Sin separar demasiado la vista del espejo, tomad el cuaderno e id apuntando aquello que veáis, escuchéis o sintáis. Cuando consideréis haber tenido suficiente, ya sea porque habéis averiguado lo que necesitabais o porque os habéis cansado del ejercicio mental que supone, tapad el espejo y purificad la habitación. No os recomiendo que realicéis esta práctica en el mismo sitio en el que dormís.

Cuando os recuperéis, volved a abrir el cuaderno e intentad averiguar qué significan las respuestas. Si aparecieron animales, estos suelen estar relacionados con su propio simbolismo. Las letras, músicas, formas u objetos pueden guardar un significado más personal y único para cada bruja. ¿Es la inicial de alguien? ¿O la música que sonaba en algún lugar concreto?

Si sois afines a este método de adivinación, podéis adquirir un espejo negro, un espejo de obsidiana, o ennegrecer un espejo vuestro para dedicarlo únicamente a la adivinación. Tener un espejo oscuro ayuda bastante a la hora de concentrarse y adivinar.

MAGIA
SIMPÁTICA

La llamada «magia simpática» es aquella que usa figuras, muñecos o estatuillas. La simpatía, además de ser una inclinación afectiva entre personas, es 'la relación entre dos cuerpos o sistemas por la que la acción de uno induce el mismo comportamiento en el otro'. En películas y series es muy común ver este tipo de magia, dado que sus hechizos son visualmente llamativos. Lo más recurrente son los muñecos vudú, y siempre se les atribuye un uso maligno y dañino, donde se provocan males corporales a una persona infligiendo daños al muñeco. En realidad, la magia simpática sigue el principio de que lo similar atrae lo similar, y tiene muchísimas más utilidades que dañar a una persona.

En la península ibérica se emplean muñecos en prácticas de lo más variadas. Hay muñecos y figuritas de múltiples formas: cuerpos humanos, partes concretas, parejas… Se hacen muñequitos de cera mezclada con hierbas medicinales, cuyo fin es sanar a una persona. También muñecos destinados a reparar una relación sentimental, a eliminar pesadillas o a proteger a recién nacidos.

ACTUANDO SOBRE EL MUÑECO ACTUAMOS SOBRE LA PERSONA; LO SIMILAR ATRAE LO SIMILAR.

REPARACIÓN

Para sanar un corazón roto, superar el mal de amores

		Necesitaremos:
Dificultad:	**II**	○ Una vela de cera de abeja
		○ Pétalos de rosa
Mejor durante:		○ Hojas de romero
dilúculo		○ Hojas de estragón
		○ Hojas de eneldo
		○ Miel
		○ Una bandeja ignífuga
		○ Mechero o cerillas

Empezaremos fundiendo nuestra vela al baño maría y apartaremos la mecha, reservándola para más adelante. Cuando esté fundida, iremos enfriando poco a poco la cera mientras removemos, de manera que no se solidifique por completo. Incluiremos en este momento nuestras diversas hierbas mientras las intencionamos. Una vez que podamos amasar la cera, la tomaremos y formaremos un muñequito con forma humana a su alrededor. Inscribiremos el nombre de la persona que queramos sanar, su fecha de nacimiento, signos de su carta astral… Le dibujaremos un círculo de miel rodeando el pecho y lo fijaremos a la bandeja calentando un pelín la base (o usando un soporte para velas). Finalmente, encenderemos nuestra figurita y, mientras se quema, meditaremos sobre nuestra intención de sanación hacia esa persona. También podemos recitar una pequeña oración o encantamiento dirigida al bienestar emocional y a la resolución de esa ruptura en concreto.

«Sanan y pasan las penas,
llenas de miel quedan
las venas tristes
que corren por este corazón.
Llegan los días dulces
y las noches de calma».

Cuando termine de arder la figurita, tomaremos los restos de hierbas y cera, y los enterraremos. Si es posible, los pondremos cerca de alguna planta robusta y protectora. Podemos formular un baño sanador para la persona con el corazón roto, incluyendo en el agua las mismas hierbas que hemos usado en el hechizo, una cucharadita de miel y otra de leche de almendras.

MUÑECO DE BUENAS NOCHES

Para la calma, dormir bien

Dificultad: II	Necesitaremos:
Mejor durante: **crepúsculo,** **conticinio**	○ Arcilla blanca de secado al aire ○ Tila ○ Lavanda ○ Melisa ○ Lúpulo ○ Amapola

Empezaremos mezclando todas nuestras plantas, secadas previamente, y las moleremos hasta que quede un polvo muy fino. Humedeceremos la arcilla e iremos incorporando el polvito de plantas poco a poco, sin que altere demasiado la textura de esta. Si añadimos más hierbas de las que la arcilla puede asumir, al secarse se puede quebrar y la figurita será débil. Durante todo el proceso de fabricación podéis recitar alguna oración o encantamiento específico para vuestra intención.

«Llega el sueño con el silencio
que acaricia cada noche mi ventana.
Párpados pesados cierran mis ojos,
dejando la mente en calma».

Moldearemos una «miniyo» con la arcilla de hierbas. Le podemos dibujar una cara, pelo o incluso ropa con ayuda de algún palito. Tallad vuestro nombre en alguna zona de la figurita. Por último, presionad, cuidadosamente, unas pocas hierbas más contra la figura, ayudándoos con los dedos. Luego dejadla secar.

CORTE DE LAZOS

Para terminar un vínculo sentimental, separarnos de una persona dañina

Dificultad:	III

Mejor durante:
crepúsculo,
medianoche

Necesitaremos:

- Dos figuras humanas de cera negra con mecha (o dos velas)
- Agujas de pino
- Nabo seco
- Semillas de amapola
- Aceite de menta
- Fotografías de las personas que separaremos, de un tamaño reducido
- Hilo
- Cuerda fina, de algodón o esparto
- Una bandeja o plato ignífugo
- Mechero o cerillas

Empezaremos tallando en las figuras los nombres de las personas que separaremos. También incluiremos todos los datos que conozcamos sobre ellas: fecha de nacimiento, signo solar y lunar, lugar de residencia o de nacimiento… Seguiremos vistiendo nuestras figuras de cera, calentando primero su superficie (con una llama o agua un poco caliente) y presionándolas contra las hierbas variadas hasta que se adhieran un poco. Las hierbas restantes las dejaremos caer sobre la bandeja donde haremos nuestro trabajo mágico. También anudaremos las fotografías a sus respectivas figuras con un trozo de hilo. Por último, rociaremos unas cuantas gotas de aceite de menta sobre las figuritas.

Una vez que estén preparadas, fijaremos las figuras a la bandeja calentando un poco sus bases sobre una llama, dejando un mínimo de 8 o 10 cm entre ambas. Las uniremos con cuerda, fijando cada uno de los extremos de esta a su figura con un único nudo. Hay brujas que prefieren unirlas dando vueltas con la cuerda rodeando ambas figuras, y en ese caso el número de vueltas ha de ser igual a los años de relación, y luego se ha de hacer un nudo final justo en medio de ellas.

Cuando estén atadas, concentraos en esas personas y su vínculo. ¿Por qué lo estamos terminando? Respirad profundo, visualizad las situaciones dañinas o dolorosas que han tenido lugar y los motivos reales por los que ese vínculo emocional debe terminar. Recordad que no solo es útil para parejas, sino también para amistades e incluso para aquellos noviazgos ya terminados en los que exista alguna dependencia o apego por una de las partes.

Canalizando toda esta energía y sentimientos, encenderemos las figuras. Es importante que nos mantengamos lo más concentradas posible mientras estas arden. Al hacerlo, podemos recitar algún pequeño encantamiento. Siempre prefiero formular uno nuevo y específico para cada situación.

> **«Arden con las llamas**
> **los hilos que os unen,**
> **las cenizas separan**
> **vuestros caminos».**

Conforme se consumen las figuritas, las llamas llegarán a la cuerda en algún momento y le prenderán fuego, cortando el vínculo. A veces sucede que el fuego se apaga, la cuerda no se rompe u ocurre un largo etcétera de situaciones que impiden que nuestro hechizo no llegue a su fin de manera exitosa. Por suerte, hay soluciones para estas cosillas. ¡A veces los hechizos necesitan un empujoncito! No dudéis en volver a encender aquella figurita que se apague, siempre poniéndole una dosis extra de energía al trabajo mágico. En caso de que la cuerda no arda, encendedla vosotras mismas con mucho cuidado mientras visualizáis la separación.

Dejaremos que las figuritas se consuman por completo y luego nos desharemos de todo el contenido de la bandeja (hierbas, restos de cera, trozos de cuerda...).

GUARDA DEL HOGAR

Para proteger un hogar, evitar que sea objetivo de maleficios o robos

Dificultad:	IV	Necesitaremos:
Mejor durante: **crepúsculo, concubio**		○ Arcilla
		○ Piel de serpiente
		○ Cuerda fina
		○ Cuatro clavos oxidados

Comenzaremos nuestro hechizo en el punto más interior de nuestro hogar, moldeando un pequeño muñeco con arcilla. Dentro de él podemos incluir objetos o imágenes de aquella persona que nos maldice o roba, o simplemente un papel donde se lea la palabra «ladrón». Con nuestra mano dominante tomaremos el muñeco firmemente y lo sacaremos por la puerta principal de nuestro hogar. Caminaremos durante varios minutos alejándonos de la casa, hasta que lleguemos a algún lugar adecuado para ejecutar el resto de este pequeño ritual.

Pondremos nuestro muñeco sobre un suelo no fértil o descuidado, en un espacio abierto. Tomaremos un pedazo suficiente de piel de serpiente y taparemos sus ojos. Si la humedecéis previamente será más fácil de manipular. Después, ataremos sus piernas y sus manos con un trocito de cuerda. Tumbaremos el muñeco, si aún no lo habíamos hecho, y le insertaremos los cuatro clavos anclándolo así al suelo. Uno lo pondremos sobre su cabeza, otro en las manos atadas, otro en el vientre y el último atravesándole los pies. Mientras realizamos esta simbólica «manualidad» recitaremos el siguiente conjuro:

«Esas víboras en la otra orilla,
tres veces siete con la piel desprendida,
con sus pieles nosotros
tapamos los ojos
del malvado salteador...».

Rodríguez, M.S. (2002) *Conjuros Mágicos del Atharvaveda*. Oviedo: Universidad de Oviedo, Servicio de Publicaciones, p. 142.

Una vez que hayamos terminado, levantaremos la figura del suelo levemente, lo suficiente como para retirar los clavos, terminándolos de introducir por la figurita. Es decir, los terminaremos de clavar hasta sacarlos por detrás. Nos los llevaremos de vuelta a nuestro espacio para elaborar trabajos similares más adelante, o nos desharemos de ellos de manera adecuada. No los dejéis tirados por ahí.

Buscaremos alguna piedra grande y pesada cerca del lugar donde nos encontremos y la dejaremos caer sobre la figurita (o lo que quede de ella). Volveremos entonces a nuestro hogar usando el camino más largo y confuso posible, sin mirar atrás ni volver a pasar por ese espacio.

CALMA

Para calmar el enfado, enfriar un conflicto

Dificultad:	III	Necesitaremos:

Dificultad: III

Mejor durante:
concubio,
conticinio

Necesitaremos:
- Un muñequito de cera blanca con mecha (de elaboración propia o no)
- Cuerda fina
- Agua de arroyo
- Miel
- Un plato ignífugo

Primero entraremos en un estado de paz con nosotras mismas, respirando profundamente y en una atmósfera agradable. Acompañar un hechizo con nuestro estado es siempre aconsejable y muy útil para ejecutarlo con éxito. En este caso lo destaco porque, si nosotras estamos en tensión por el enfado, no nos será igual de fácil hacer un hechizo para contrarrestarlo.

Una vez que nos hayamos relajado un poco, tomaremos el muñeco de cera y lo adheriremos al centro del plato calentando su base con otra

llama. Pondremos una fina capa de agua de arroyo dentro del plato, y con miel dibujaremos sigilos que corrijan el problema: de buena comunicación, de comprensión, de justicia… Cortaremos un trozo de cuerda y pondremos uno de los extremos entre las manos del muñeco. El otro extremo lo sujetaremos nosotras en tensión, e iremos aflojando la cuerda conforme recitamos un conjuro que alivie conflictos. Antes de empezar a recitar, encenderemos el muñequito.

«Como la cuerda de un arco,

destenso el enfado,

sigamos acordes,

sigamos amigos».

Después de aflojar completamente la cuerda, la soltaremos de nuestras manos. Dejaremos que el muñeco se empiece a consumir. Antes de que se consuma por completo, apagaremos la llama con una mezcla de miel y agua de arroyo mientras volvemos a recitar el conjuro.

ATADURA DE LENGUA

Para callar a alguien, un rumor o una mentira

Dificultad: **IV**	Necesitaremos:
Mejor durante: **véspero, crepúsculo, medianoche, conticinio**	○ Una lengua (animal, de cera o de masa) ○ Un cuchillo ○ Papel y bolígrafo ○ Cayena ○ Polvo ○ Cuerda

Primero tomaremos la lengua. En el caso de no disponer de ella o si no queremos utilizar un producto animal, la moldearemos con una pasta de harina y agua. Mezclad ambos ingredientes en pequeñas porciones hasta conseguir una cantidad suficiente de masa consistente y haced una especie de lengua de aproximadamente un palmo de largo.

Cortaremos justo por la mitad de la lengua con un cuchillo, empuñado con la mano dominante. Mientras lo hacemos, deberemos visualizar cómo esa lengua es la que expande malas palabras. Si conocemos a la persona culpable, la incluiremos en nuestra visualización. Seguidamente escribiremos su nombre en el papel si lo conocemos, y si no algo que la describa («persona que dice esta mentira sobre mi familia»).

A continuación, pondremos una pizca de polvo, o alguna tierra no fértil, dentro de la lengua. Así los rumores quedarán enterrados y envejecerán hasta ser olvidados. También añadiremos dos pizcas de cayena para que cause incomodidad a quienes sigan expandiendo mentiras.

Para terminar, ataremos la lengua con la cuerda mientras recitamos nuestro encantamiento silenciador. Escribid uno propio que conecte con vuestra situación, o usad este encantamiento más genérico.

«Con esta cuerda ato tu lengua,
no salen de tu boca ruines palabras.
Quemará tu garganta si no cesan,
arderán tus pies si no te alejas».

Una vez que esté terminado, deshaceos del hechizo en un cruce de caminos o dejándolo atrás en unas vías de tren. Al ser un hechizo tan llamativo, os recomiendo envolverlo en papel y buscar algún contenedor en el lugar donde lo decidáis llevar. Cuando lo hayáis dejado, alejaos del lugar mirando siempre adelante.

MAGIA LUNAR

La llamada magia lunar es una especie de término paraguas que abraza infinidad de hechizos. Esta magia requiere de la energía lunar, se practica bajo la luz de la luna, se le hace algún tipo de ruego… Hay numerosos libros dedicados a la magia lunar o que incluyen hechizos donde la luna desempeña un papel principal. Son muchas las culturas y tradiciones en las que se realizan hechizos, ceremonias y rituales en concordancia con la luna. Sus ciclos rítmicos y místicos rigen muchos otros ciclos de la vida terrestre, e iluminan u oscurecen la noche con el paso de los días.

PESE A QUE LA LUNA LLENA SE LLEVE UNA GRAN PARTE DE LA ATENCIÓN DENTRO DEL MUNDO MÁGICO, LAS OTRAS SIETE FASES LUNARES GUARDAN LA MISMA CANTIDAD DE MAGIA.

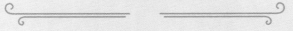

Aunque dentro de mi práctica siempre intento coordinar mis hechizos con el momento astrológico (quedando incluidas la posición y la fase lunar), hay una serie de hechizos en mi repertorio que beben directamente de la luna y de su magia.

ESCALERA DE LUNAS

Para proteger el hogar o la propia energía, atraer
bendiciones

Dificultad: I	**Necesitaremos:**
Mejor durante: **las fases de un ciclo lunar completo, medianoche**	o Hilo negro o Hilo blanco o Hilo gris o 8 cuentas de color blanco o Tijeras

En luna nueva tomaremos nuestros hilos (o cuerdas) y cortaremos cuatro
trozos iguales: uno negro, uno blanco y dos grises, de dos palmos de
largo como mínimo (esto nos facilitará el trabajo posterior).

Juntaremos todos los hilos por un extremo y haremos tres nuditos
simples seguidos, de manera que los hilos queden anudados sobre sí
mismos. Cuando tengamos los tres nudos, empezaremos nuestro hechizo.

Dividiremos visualmente el largo de nuestros hilos, de manera
aproximada, en ocho segmentos iguales. Durante esta luna nueva
únicamente trabajaremos sobre el primer segmento (dejando los otros
siete para las siguientes siete lunas). Trenzaremos esta porción de la
escalera mientras invocamos las cualidades de la luna nueva en este caso,
e insertaremos una de las cuentas al terminar de trenzar, haciendo luego
un nudo para que todo quede fijado en su sitio. Guardaremos la escalera
en algún lugar seguro hasta que llegue la siguiente fase lunar. Entonces
repetiremos el mismo proceso y volveremos a guardarla.

«Con el primer nudo,
luna nueva, te llamo;
purifica y destierra
aquello indeseado.

Con el segundo nudo,
luna creciente, te llamo;
atrae fortuna
y aquello anhelado.

Con el tercer nudo,
al cuarto creciente llamo;
luz de luna sanadora,
atrae amor y suerte.

Con el cuarto nudo,
a la gibosa creciente llamo;
luz de luna brillante,
deja que medite y descanse.

Con el quinto nudo,
luna llena, te llamo;
préstame tu poder,
llena de energía mis manos.

Con el sexto nudo,
a la gibosa menguante llamo;
protégeme y aleja
a aquel que me desea daño.

Con el séptimo nudo,
al cuarto menguante llamo;
equilibra la balanza,
dame mi merecido descanso.

Con el octavo nudo,
luna menguante te llamo;
enséñame nuevas metas
teniendo el camino protegido».

ESCALERA DE LUNAS

Os recomiendo que, al menos durante las noches en las que trencéis la escalera, la expongáis un ratito a la luz de luna de ese momento. Si cada noche, a lo largo de todo el ciclo lunar, exponéis la escalera a la luz de luna, mejor. El objetivo es que esté completamente impregnada de las diversas energías de la luna, quedando estas atrapadas entre los hilos trenzados y los nudos varios.

Una vez que hayamos trenzado durante las ocho lunas, haremos otros tres nudos, finalizando así nuestro hechizo. Podéis colgar la escalera de lunas en el pomo de la puerta principal de vuestro hogar, justo encima de la entrada a vuestro espacio, o usarla como pulsera dándole un par de vueltas alrededor de vuestra muñeca.

COLGAJO DE VIENTO

Para espantar los males

Dificultad: **II**	Necesitaremos:
Mejor durante: **medianoche, intempesta**	○ Varios metros de cuerda fina de algún material natural (esparto, algodón) ○ Ramas de ruda ○ Ramas de espino ○ Huesecillos ○ Palitos ○ Cuentas ○ Plumas ○ Caracolas ○ Cinco campanitas

Nos sentaremos bajo el cielo oscuro de la luna nueva. Comenzaremos formando una corona con las ramas de espino y ruda, juntándolas de manera circular con las manos. Os recomiendo que os ayudéis de guantes o de algún trapo viejo para no dañaros los dedos. Ataremos la corona envolviéndola con la cuerda, haciendo varias pasadas hasta que todas las ramas queden aseguradas. Debería resultar un gran atadillo en forma circular. Lo más recomendable es que este tenga más de quince centímetros de diámetro, para facilitar la decoración posterior. Anudaremos bien la estructura y empezaremos con las decoraciones de nuestro colgajo. Justo en medio del círculo podéis tejer una estrella de cinco puntas para que forme un pentáculo junto con la corona de ruda y espino. También podéis conformar alguna runa o sigilo con un poco de habilidad.

Luego haremos cinco colgajos interiores (colgando de la decoración de cuerdas del centro de la corona) y cinco colgajos exteriores (sujetos directamente a la corona de ruda y espino) tan largos como deseemos. Un par de palmos suele ser suficiente. Disponedlos para que queden separados de forma igualada entre ellos. Anudaremos a lo largo nuestros huesecillos, cuentas, caracolas, plumas…, teniendo en cuenta que ha de haber nueve elementos —y sus nudos respectivos— en los colgantes exteriores anclados a la corona y ocho en los interiores. Terminaremos los cinco colgantes interiores con el noveno elemento: las campanitas. Atad una al final de cada una de las cuerdas interiores. Mientras hacéis toda esta manualidad, podéis recitar algún encantamiento para alejar los males.

«**Repicad, campanas,**
sonad claro y fuerte,
alejad de este hogar
mal y muerte.

Luna oscura,
haced que no me encuentren,
alejad de este hogar
mal y muerte».

Por último, atad un par de trozos de cuerda al otro lado de la corona, para poderla colgar del techo. Ponedla cerca de alguna puerta o ventana de vuestro espacio.

¿QUIÉN SOY?

Para encontrar objetivos, descubrir el propósito personal

Dificultad: III	Necesitaremos:
Mejor durante: conticinio	<li>Un cuarzo blanco</li><li>Una amatista</li><li>Un saquito de tela</li><li>Una vela morada</li><li>Tres hojas de salvia verde</li><li>Semillas de amapola</li><li>Una pizca de orégano</li><li>Una pizca de menta</li>

Empezaremos el hechizo en noche de luna llena. Pondremos delante de nosotras la vela, la amatista y el cuarzo. Cerraremos los ojos y comenzaremos haciéndonos una serie de preguntas y reflexiones sobre nuestro propósito en este mundo. ¿Por qué estoy aquí? ¿Qué debo hacer? ¿Cuál es mi destino? ¿Debería perseguir alguna meta? Tal vez espero con ansia respuestas a mis preguntas. Tal vez siento que el tiempo pasa demasiado rápido y se me hace tarde para conseguir aquello que anhelo. Haceos tantas preguntas como consideréis necesarias, manteniendo los ojos cerrados. Cuando os sintáis preparadas, abrid los ojos y encended la vela. Disponed a su alrededor la salvia, las semillas de amapola, el orégano y la menta. Entonces recitaremos un conjuro para que nuestro propósito nos sea revelado.

«Luna brillante, hoy te pregunto
qué debería hacer,
¿tomar cartas en el asunto?

Luna blanca, ¿adónde me dirijo?
Revélame mi propósito,
enséñame mi cometido.

Luna redonda, dame calma.
Que el ansia por saber
no ponga mis pies en mal camino.

Luna llena, dame luz.
Muéstrame en sueños
cuál es mi virtud».

Dejaremos arder la vela hasta que se consuma por completo. Mientras tanto, tomaremos un pellizco de las hierbas que hemos puesto a su alrededor y las colocaremos dentro del saquito. También introduciremos el cuarzo blanco y la amatista. Ahora, metedlo bajo la almohada e id a dormir. Repetid la última estrofa del encantamiento mientras buscáis el sueño. A la mañana siguiente, apuntad todo lo que recordéis de vuestros sueños, con qué sensación os habéis despertado... Estad pendientes de los sueños y las señales que encontréis durante la siguiente semana.

¿DÓNDE ESTÁS?

Para promover un reencuentro con alguien conocido en una vida pasada o con alguien del pasado

Dificultad: III	**Necesitaremos:**
	○ Vino tinto (o mosto)
Mejor durante:	○ Cáliz
matutino,	○ Cuarzo rosa
dilúculo	○ Vela roja
	○ Vela amarilla
	○ Vela blanca
	○ Vela rosa

Cuando la luna esté en su fase plena, dispondremos todas las velas delante de nosotras. Las iremos encendiendo a medida que recitamos las siguientes frases. Entre vela y vela humedeceremos nuestros labios en el vino. Al encender la vela amarilla diremos: «Aquí estoy, ven». Con la vela roja recitaremos entonces: «Escucha mi respiración». Asimismo, cuando encendamos la blanca pronunciaremos estas palabras: «Aquí la luz para encontrarnos». A continuación, antes de encender la última vela, tomaremos el cuarzo entre las manos concentrando toda la energía de las tres velas encendidas. Lo pondremos sobre nuestro pecho y cerraremos los ojos, atentas a cualquier pequeña imagen que cruce nuestra mente y pueda hacer referencia a esa persona. Encenderemos la vela rosa y recitaremos un conjuro de reencuentro.

«La luz de luna nos baña a ambas,
en esta clara noche.
Nuestras miradas allí coinciden,
ahora que también tú miras hacia arriba.
Pronto reconoceré tus ojos,
y tú, la luna en mi mirada».

Podéis dejar que las velas se consuman por completo. Personalmente uso velas cortas y finas para que se terminen de quemar poco después de que yo termine con el hechizo. También podéis extinguir las llamas y encender otra vez las velas durante un ratito cada día. Deberéis guardar el cuarzo rosa empleado en este hechizo muy cerca de vosotras, en algún lugar donde lo veáis cada día. Si el cuarzo tiene función de joya (es decir, se encuentra en un anillo o es un colgante), esta tarea será mucho más fácil. Cuando os hayáis reencontrado con esa persona, entregadle el cuarzo, enterradlo o purificadlo para volverlo a usar.

A LA LUNA Y AL VIENTO

Para encontrar un trabajo, definir objetivos de futuro

Dificultad: III	Necesitaremos:
Mejor durante: conticinio	o Laurel
	o Clavo
	o Jengibre
	o Canela
	o Café
	o Un bol

El día después de la luna nueva escogeremos un lugar en el exterior donde realizar nuestro hechizo. Empezaremos moliendo nuestras hierbas hasta obtener un polvo muy fino, que pondremos en el bol. Mirando al este, y con el bol entre las manos, cerraremos los ojos y calmaremos la mente por completo. Es importante ser capaces de escuchar todas las señales atentamente. Cuando estemos preparadas, recitaremos un encantamiento mientras volcamos el contenido del bol en el aire, manteniendo los ojos cerrados.

«Os llamo, luna,
os llamo, viento.
Ayudadme.

Ocupad mis manos
con un oficio.
Enderezad mi sendero torcido.

Os llamo, luna,

os llamo, viento.

Guiadme.

Hacedme ver

hacia dónde me dirijo.

Qué me depara el destino.

Luz de luna,

mostradme el camino.

Viento, impulsadme con brío».

Todavía con los ojos cerrados, guardaremos silencio por si escuchamos algún ruido que pueda servir de guía al obtener respuestas para nuestras preguntas. Pasado el tiempo que consideremos necesario, abriremos los ojos y tomaremos nota de la dirección en la que ha caído el polvo vegetal. Puede que sea de gran ayuda para interpretar otras señales. Los días siguientes al hechizo, tened siempre un bloc de notas a mano para anotar cosas curiosas que se crucen en vuestro camino y coincidencias que tengan lugar a vuestro alrededor.

¡También pueden estar llenas de significado! Muchas veces el trabajo llama a la puerta, pero otras nos tenemos que ayudar de estas pequeñas pistas para dirigir nuestra atención en la dirección correcta.

NUEVE MONEDAS

Para una mejora laboral, un ascenso, atraer nuevas riquezas

Dificultad: **IV**	Necesitaremos:
Mejor durante: **matutino, dilúculo**	○ Un velón blanco o verde
	○ Tres ramitas de canela
	○ Aceite de oliva
	○ Nueve monedas de distintas cantidades
	○ Un plato ignífugo
	○ Un saquito de tela

Iniciaremos nuestro hechizo una noche después de la luna nueva, y lo continuaremos durante las nueve noches siguientes, conforme crezca la luna. Intentaremos posicionarnos mirando al este. Moleremos las tres ramitas de canela hasta convertirlas en polvo. Cubriremos los laterales de nuestro velón con una fina capa de aceite de oliva. También podemos tallar en este runas o sigilos de prosperidad, al igual que el puesto de trabajo o la mejora que queremos obtener. Pondremos la canela molida en el plato, creando una especie de mantel. Añadiremos también nueve gotas de aceite, distribuidas cerca del borde del plato, trazando una circunferencia. Justo en medio de esta, sobre la canela, pondremos el velón.

Durante esta primera noche encenderemos la vela, tomaremos una de las nueve monedas y recitaremos un conjuro de prosperidad o mejora laboral.

«Nueve veces nueve vienen

riquezas y oportunidades.

Con la moneda primera

llaman ahora a mi puerta».

Colocaremos la moneda sobre una de las gotas de aceite del plato y dejaremos encendida la vela hasta que el sol haya salido por el horizonte. Las siete noches siguientes repetiremos el mismo proceso: encenderemos la vela un tiempo antes de que empiece a amanecer, tomaremos la moneda, recitaremos el conjuro y apagaremos la llama una vez que el sol haya salido. Recordad cambiar el número de la moneda conforme avancéis en el hechizo.

> **«Nueve veces nueve vienen**
> **riquezas y oportunidades.**
> **Con la moneda segunda**
> **llaman ahora a mi puerta».**

La novena y última noche, después de encender la vela, recitar el conjuro y poner la novena moneda sobre el plato, dejaremos el velón encendido hasta que se consuma.

> **«Nueve veces nueve vienen**
> **riquezas y oportunidades.**
> **Con la moneda novena**
> **llaman ahora a mi puerta».**

Al terminar el hechizo, tomaremos las nueve monedas manchadas de canela y aceite, y las pondremos dentro del saquito de tela. Nos desharemos de los restos de vela y la canela del plato. Llevaremos encima el saquito con monedas, sobre todo cuando vayamos al lugar donde trabajamos o a hacer alguna actividad relacionada con el dinero (sacar dinero del banco, por ejemplo). Estas monedas no deberán ser gastadas. Una vez que hayáis obtenido el trabajo deseado, enterradlas al lado de una planta del dinero o ponedlas bajo su tiesto. Así seguiréis atrayendo prosperidad.

BIENVENIDA, NUEVA VIDA

Fertilidad, promover la gestación

Dificultad: **IV**	**Necesitaremos:**
Mejor durante: **medianoche, dilúculo**	○ Un capullo (seco) de semillas de amapola ○ Salvia verde ○ Equinácea ○ Hojas de frambuesa ○ Aceite de oliva ○ Una bolsita de tela

Empezaremos nuestro hechizo bajo la luz de luna creciente, a poder ser justo el día antes de que esté llena. Nos tumbaremos con la cabeza apuntando al oeste. Tomaremos tres gotas de aceite de oliva con nuestra mano dominante y dibujaremos sobre nuestro vientre algún sigilo de fertilidad, junto con alguna runa protectora. Tomaremos el capullo de amapola y lo posicionaremos sobre nuestro ombligo. Luego cogeremos todas las hierbas restantes entre nuestras manos mientras recitamos algún encantamiento que promueva el embarazo.

«Luz de luna, báñame,
Haz crecer en mí una vida nueva.
Ya escucho su dulce risa.
Luz de luna, báñame.

Estrellas, otorgad vuestra luz
a los ojos de esta vida nueva.
Ya la siento en mi vientre.
Luz de luna, báñame.

Vientos que sopláis,
impulsad durante su llegada.
Ya está entre mis brazos.
Luz de luna, báñanos».

Posteriormente, meditaremos unos minutos en silencio, prestando atención al cielo y a sus señales. Luego, introduciremos las hierbas de nuestras manos en una bolsita de tela y justo en medio de estas enterraremos el capullo de amapola.

Mantendremos el saquito cerca de nosotras siempre, durmiendo con él bajo la almohada o llevándolo en el bolsillo delantero. Cuando haya nacido el bebé, enterraremos el contenido del saquito cerca de algún roble o alcornoque.

DAGA EN LA TIERRA

Para disipar una tormenta muy fuerte o un frente helado

Dificultad: **IV**	Necesitaremos:
Mejor durante: **véspero, crepúsculo**	○ Una daga (o cuchillo)
	○ Un mapa de la zona afectada
	○ Un lápiz
	○ Un papel
	○ Una brújula

Antes de empezar, quiero destacar que aquella magia cuya finalidad es alterar previsiones meteorológicas solamente debe ser empleada cuando haya una verdadera emergencia. Es decir, cuando toda una zona haya recibido aviso por inundaciones, se vayan a perder cosechas, etcétera. Querer dar un paseo bajo el sol no es una emergencia.

Tomaremos nuestro mapa, idealmente en un momento de luna menguante. Buscaremos la previsión meteorológica que nos muestre la evolución de las próximas horas: cómo se moverá la tormenta o los vientos helados. Apuntaremos sobre un papel el movimiento de dichos fenómenos meteorológicos y su dirección: si son de norte a sur, vientos rápidos, en alguna forma concreta… Sobre nuestro mapa dibujaremos lo mismo que hemos visto en la predicción: la misma tormenta o vientos y la dirección más parecida a la original, pero de manera que eviten la zona que queremos proteger de sus efectos. Por ejemplo, si los vientos helados fuesen a llegar desde el norte del pueblo, dibujaríamos cómo estos se parten por la mitad y lo envuelven por los laterales, sin llegar a pasar por el medio.

El siguiente paso, si nos faltase el tiempo, lo podríamos realizar sin necesidad de trabajar sobre un mapa. Sabiendo de dónde vendrá la tormenta, nos dirigiremos hacia ella hasta llegar al límite de la zona que deseamos proteger. Es decir, iremos al punto desde el que queramos disipar la tormenta. Tomaremos nuestra daga, con la hoja apuntando hacia donde vienen las nubes, y la clavaremos firmemente en la tierra. Mientras tanto, recitaremos un conjuro para disipar la tormenta.

> **«Pasa de largo, lluvia de la tarde;**
> **lleva contigo los fríos vientos.**
> **Corto tus nubes, divido los truenos;**
> **marchan contigo los fríos vientos.**
> **Sálvanos, luna,**
> **de rayos en los tejados**
> **y campos helados».**

Quedaos unos momentos empuñando la daga y visualizando cómo la tormenta se disipa. Si el lugar donde habéis decidido clavarla es de vuestra propiedad, dejad la daga allí hasta que pase la tormenta por completo. Si fuese algún paraje o camino de las afueras del pueblo, sacadla de la tierra y llevadla a casa. La magia meteorológica puede ser muy compleja de controlar; mi primera vez intentando parar una riada no salió nada bien.

Con el tiempo se perfeccionan los métodos y se adquiere más práctica y experiencia. Muchas veces tampoco es posible disipar el fenómeno por completo, pero sí se pueden atenuar sus efectos.

LLUVIA EN LA TIERRA

Para atraer la lluvia, aliviar la sequía

Dificultad: **IV**	Necesitaremos:
Mejor durante: **conticinio, intempesta**	○ Agua de lluvia ○ Agua de río ○ Agua de arroyo ○ Agua de lago ○ Bol de cristal

En noche de luna creciente o llena, nos pondremos bajo la luz de la luna para ejecutar nuestro hechizo. En un bol de cristal mezclaremos las cuatro aguas poco a poco, removiéndolas con la punta de los dedos. Empezaremos a salpicar sobre la tierra algunas gotas con la ayuda de las manos, mientras recitamos un conjuro que llame a la lluvia.

«Trae tus aguas a esta tierra seca,

da de beber a los campos mustios,

nutre a las frutas que aún crecen,

nutre a los pájaros que ahora vuelven.

Derrama tus aguas sobre esta tierra seca,

que brote de nuevo el arroyo,

que el lago se llene de peces,

y el río corra fuerte.

Nubes que ahora os formáis
bajo la luz de la luna,
como antes ya lo hicisteis,
dejad caer las aguas sobre esta tierra seca.

Y luna, amasadora de mareas,
despierta las aguas,
despierta las nubes,
formula viento y tempestad.
Trae las aguas a esta tierra seca».

Repetiremos el conjuro tantas veces como sea necesario, mientras simulamos lluvia sobre la tierra con nuestras salpicaduras hasta vaciar el contenido del bol. Es importante estar concentradas para poder invocar las lluvias de manera correcta.

FASCINACIONES Y AOJAMIENTOS

Las magias que se hacen con los ojos o para engañarlos puede que sean de mis preferidas, tanto por la práctica en sí como por los siglos de historia que las acompañan. Fascinación, aojo, aojamiento, mal d'ull, mal de ojo, begizkoa, mal de ollo, ullprendre… Son muchas las denominaciones que recibe esta creencia mágica. A lo largo de la historia se ha discutido ampliamente sobre la existencia de dicho fenómeno. La sintomatología no es definida, clara ni concreta. Entre aquellas personas afectadas suelen predominar los periodos de tristeza y desgana, pérdida del apetito, debilidad corporal, moratones, insomnio… Como si el mal oculto las estuviese consumiendo por dentro. El mal de ojo no se manifiesta únicamente de manera física. Los afectados podrían ser víctimas de malas rachas en sus oficios, caídas o golpes graves, malas cosechas, pesca escasa, enfermedades en el ganado, incendios, accidentes, catástrofes naturales…

LAS VÍCTIMAS PRINCIPALES SUELEN SER NIÑOS (ESPECIALMENTE AQUELLOS CUYA BUENA SALUD SEA ENVIDIABLE), JÓVENES Y PERSONAS ANCIANAS.

El mal de ojo se hace, se pega o se transmite. Puede ser realizado por una persona con envidia, malas intenciones o poderes maléficos, de manera voluntaria o involuntaria, únicamente con la mirada. Esta es su gran diferencia con las maldiciones; *maledictio* («mal dicho») implica que el mal sea verbalizado. Según las convicciones tradicionales, las autoras de los aojos solían ser mujeres, a menudo durante la menstruación, el embarazo o la menopausia. También aojaban mujeres de raza gitana, ancianas y brujas. Además, existe la creencia de que aquella persona que muere con los ojos abiertos aojará a quien se cruce en su mirada, e incluso se lo llevará al otro mundo si no se le cierran los párpados manualmente.

SE DICE QUE AQUELLAS PERSONAS QUE AOJAN CAUSAN SUS MALEFICIOS DE NOCHE, ENTRE LAS ONCE Y LA UNA.

El término «fascinación» se emplea para nombrar al mal de ojo, pero otro de sus significados —proveniente de *fascinatio*— es sinónimo de «hechizar». Es lo conocido últimamente como magia glamour. El glamour o fascinación tiene como función alterar la manera en que somos percibidas por el resto de las personas. No significa necesariamente que este tipo de magia nos convierta en personas más lujosas o con más estilo; es literalmente encantarnos para aparentar alguna cosa. Podríamos entenderlo como un disfraz mágico. Hay fascinaciones para cualquier situación: parecer más atractiva en una cita, aparentar inocencia en un juicio o simular aptitud en una entrevista de trabajo.

PUDIENDO LLEGAR A SOMETER LA VOLUNTAD DE PERSONAS SIN QUE SE DEN CUENTA, LAS FASCINACIONES VARIAS SON, SIN LUGAR A DUDA, UNA DE LAS MAGIAS QUE MÁS CURIOSIDAD ME DESPIERTA.

AGUA DE AÑIL

Para levantar un aojamiento, sanar los efectos de un mal de ojo

Dificultad: II	Necesitaremos:	
Mejor durante: **matutino, dilúculo**	• Un puñado de flores de añil silvestre • Agua de siete fuentes • Agua bendita de tres iglesias • Sal	• Dos cucharadas de licor de anís • Olla • Colador de tela • Cuchara de palo • Bote de cristal

Primero purificaremos los utensilios varios que emplearemos durante la preparación. Pondremos tres vasos generosos de agua de siete fuentes a hervir, con tres pizcas de sal y un poco del agua bendita de tres iglesias. Una vez que burbujee, echaremos dentro de la olla las flores de añil y bajaremos el fuego a la potencia indispensable para que cueza lentamente sin dejar de hervir. Removeremos unas cuantas veces, cuchara de palo en mano, mientras recitamos un conjuro contra el mal de ojo en general, o contra los síntomas concretos del mal de ojo que se han manifestado en la persona en concreto (propio o de otra pluma).

«Pegadora eres, pegadora,
pegadora de un hueso roto;
haz que pegue este, planta trepadora.

La carne que tienes dañada,
que tienes desgarrada en ti mismo,
el Creador felizmente de nuevo
la ponga junta, miembro con miembro.

Tu médula esté con tu médula,
y con tu miembro tu miembro;
que tu carne desprendida pegue,
que pegue también tu hueso.

La médula se ponga junto con la médula,
con la piel pegue la piel,
tu hueso pegue, tu sangre,
la carne pegue con la carne.

El vello junta con el vello,
con la piel junta la piel,
tu sangre pegue, tu hueso,
pon junto, planta, lo que roto esté.

Levántate, avanza, corre lejos,
carro de bellas ruedas, de bellas llantas,
de cubos bellos;
¡tente de pie!

Si cayendo a un pozo se ha roto algo,
o si una piedra arrojada le ha herido,
como un herrero las partes de un carro,
ponga juntos miembro con miembro».

Rodríguez, M.S. (2002) *Conjuros Mágicos del Atharvaveda*.
Oviedo: Universidad de Oviedo, Servicio de Publicaciones, pp. 129-130.

AGUA DE AÑIL

Pasados dos o tres cuartos de hora en el fuego, apagaremos el fogón y apartaremos la olla, dejando que nuestra mezcla se enfríe por completo. Luego, colaremos el agua de añil y la pondremos en el bote de cristal, deshaciéndonos de las flores. Añadiremos entonces las dos cucharadas de anís, taparemos el bote (con la tapa o una tela y una cinta) y lo conservaremos en un lugar oscuro, fresco y seco.

Lo emplearemos en cuanto sea necesario. Es decir, podemos preparar esta agua aunque no haya una urgencia y tenerla siempre a mano por si las moscas. Tomaremos unas gotas, mojando el dedo índice y el corazón de nuestra mano dominante en la superficie del agua. Recitaremos nuestro conjuro mientras le ponemos esas gotas en el puente de la nariz a la persona aojada, cerca de los lagrimales (sin llegar a tocarlos).

FRIEGA DE RUDA Y ROMERO

Para levantar un mal de ojo

Dificultad: III	Necesitaremos:
Mejor durante: conticinio	○ Un ramo de ruda y romero fresco
	○ Agua
	○ Un paño

La dificultad de este trabajo mágico no recae sobre su ceremoniosidad o su preparación, sino en que hay que dedicarle la atención que merece aunque parezca poco complicado. Recogeremos nuestro ramo de ruda y romero —preferiblemente durante la luna creciente— y lo enjuagaremos con cuidado para retirar la tierra que haya podido quedar en las ramitas. Luego lo secaremos con un paño. Tomaremos el ramo con nuestra mano dominante y lo pasaremos por todo el cuerpo de la persona o mascota aojada. Sí, incluso por detrás de las orejas o entre los dedos de los pies. También podemos realizar este procedimiento sobre nosotras mismas. Mientras restregamos el ramo de plantas, «fregando» y purificando a la persona a tratar, recitaremos un conjuro para eliminar el mal de ojo.

«¿Quién eliminará el mal de ojo?

Yo lo eliminaré, creo,

en nombre del Rey de vida.

Tres veces siete órdenes tan poderosas

dio Cristo en la puerta de la ciudad;

páter María una,

páter Rey dos,

páter María tres,

páter Rey cuatro,

páter María cinco,

páter Rey seis,

páter María siete;

siete páter Marías eliminarán el mal de ojo,

sea en hombre o en bestia,

en caballo o en vaca;

quédate del todo sano esta noche,

[nombre de la persona aojada],

en el nombre del Padre, del Hijo, y del Espíritu Santo, amén».

Carmichael, A. (1992) *Carmina Gadelica (Charms of the Gaels)*.
Edimburgo, p. 137.

Repetiremos el conjuro tantas veces como sea necesario, hasta terminar de «fregar» a la aojada por completo. Luego nos desharemos del ramo empleado.

COLLAR DE GARRAS, ASTAS Y DIENTES

Para guardar del mal de ojo, amuleto protector

Dificultad:	IV

Mejor durante:
galicinio, matutino, dilúculo

Necesitaremos:
- Una cadena de plata, o un cordón de cuero
- Garra
- Diente
- Punta de asta
- Ruda
- Olivo

Primero purificaremos la cadena de plata con nuestro método preferido. Luego, dispondremos los diversos colgajos (garras, dientes, astas) alrededor de la cadena, hasta encontrar algún orden que nos guste. Podéis conseguir estos componentes dando paseos por el bosque o la montaña, buscando en catálogos de artesanos o visitando tiendas de segunda mano donde coleccionen rarezas. En caso de no poder (o no querer) obtener elementos de origen animal, siempre queda la opción de conseguir medallitas y colgantes con su forma. Estos componentes han sido empleados tradicionalmente contra el mal de ojo, así como contra maldiciones y encantamientos diversos, y por eso son ideales para llevar siempre cerca.

Anclaremos los dientes, garras y astas a nuestra cadena, ayudándonos si hiciera falta con anillas, alambre de plata o hilos. Mientras lo hacemos recitaremos algún encantamiento contra el mal de ojo.

«Uñas y dientes, morded
a quien a mí el mal dirija;
astas de ciervo, punzad
el ojo que mal me mira».

Técnicamente ya podríamos usar el collar, pero personalmente me gusta añadir alguna que otra planta a la ecuación. Moleremos las ramitas de ruda y olivo hasta obtener un polvo fino, y cubriremos nuestro collar con este, dejándolo reposar durante nueve noches seguidas (empezando a contar a partir de la noche siguiente de haber realizado el hechizo).

¡Sí, a modo de novena! En estas nueve noches seguiremos recitando el encantamiento, disponiendo nuestras manos encima del collar enterrado. También podéis poner sobre las hierbas alguna piedra como la obsidiana. La décima noche desenterraremos el collar y limpiaremos un poco los restos vegetales con un paño seco. Luego, llevadlo puesto para beneficiaros de sus cualidades protectoras.

MONEDA TORCIDA

Para devolver o vengar un mal

Dificultad: **IV**	**Necesitaremos:**
Mejor durante: **véspero, crepúsculo, medianoche**	○ Una moneda torcida ○ Un santuario o ermita

«Unos vecinos de Ormaiztegui iban en romería a la Cruz de Aizkorri. Entre Segura y Cegama se quedaron inmovilizados. Extrañados del caso, uno de los romeros dijo al otro:

—¿Llevas tú algo indebido?

—Llevo una moneda torcida a la ermita de Aizkorri para que se le retuerza el cuerpo al individuo que causó la muerte de mi perro —contestó el interrogado.

Enderezaron la moneda y luego pudieron reanudar la marcha los romeros».

Barandiaran, J. M. (1972-83), *Obras Completas*, I, p. 64.

Tomaremos nuestra moneda torcida y saldremos camino del santuario elegido. Si no tenéis una moneda torcida, torcedla con ayuda de alguna herramienta. Os recomiendo calcular el tiempo de camino hasta el lugar, de manera que lleguéis con suficiente tiempo como para hacer el ritual, y también os aconsejo hacerlo a pie si fuese posible.

Poned la moneda torcida a los pies del santo o la Virgen a la que esté dedicado el lugar o, si no fuese posible acceder al interior del edificio, dejadla en la entrada. Mientras lo hacéis, pensad en el mal que estáis retornando o en el motivo por el cual queréis provocar un mal. Tal como habéis torcido la moneda, se retorcerá esa persona. Después, abandonad el santuario por el mismo camino que tomasteis para llegar, sin mirar hacia atrás. Si en algún momento quisiéramos revertir el hechizo de manera directa, tendríamos que volver a ese mismo santuario, recuperar la moneda, enderezarla y llevárnosla.

DERRAMAR ACEITE

Para maldecir a una familia o un hogar

Dificultad: **IV**	Necesitaremos:
Mejor durante: **medianoche, intempesta, galicinio**	○ Aceite de oliva

El objetivo de incluir este maleficio entre los hechizos de este libro no es que vayáis maldiciendo a diestro y siniestro a cualquier persona que se cruce en vuestro camino. Es para explicaros el funcionamiento de una de las maldiciones más simples y cómo se contrarresta de manera tradicional. A medianoche, o entre la medianoche y el amanecer, se derrama aceite delante de la puerta principal o sobre ella, con intención de maldecir el hogar o a aquellas personas que dentro habitan. A veces se acompaña de alguna maldición verbal, pero otras muchas simplemente se derrama aceite. Esta práctica está vinculada a la creencia de que, cuando se derrama aceite de manera accidental mientras se cocina, pasará algo malo o alguna desgracia ocurrirá. Contra este mal augurio se traza una cruz de sal sobre el aceite derramado. También existe una creencia similar sobre el derramamiento accidental de sal, que se revierte echando una pizca de la sal derramada por encima de los hombros.

Por lo tanto, si en algún momento encontramos aceite delante de nuestra puerta, tomaremos un puñado de sal para rociarlo por encima del aceite, dibujando una cruz (u otro símbolo protector de vuestra elección).

BÁLSAMO DE CERA

Para aparentar seguridad al hablar en público,
endulzar palabras y que sean bien recibidas

Dificultad: III

Mejor durante:
medianoche,
intempesta

Necesitaremos:

- 5 gramos de cera de abejas
- 5 gramos de manteca de cacao
- 5 gramos de aceite de almendras
- 5 gotas de aceite de romero
- Media cucharadita de miel
- Una olla con agua
- Un plato
- Un recipiente pequeño de vidrio o aluminio, con tapa
- Una cuchara de palo

Empezaremos hirviendo el agua de la olla, y pondremos un plato justo encima para derretir nuestros ingredientes al baño maría. El plato se debería sostener por sí mismo sobre la olla. Colocaremos todos nuestros ingredientes sobre el plato para que se derritan poco a poco y poderlos mezclar. Los iremos removiendo mientras se derriten, conforme recitamos nuestro encantamiento.

«Llegan mis palabras al oído

firmes y seguras.

Brotan de mis labios

suaves como la miel.

Llegan mis palabras al oído

directas y sinceras.

Brotan de mis labios

dulces como la miel».

Una vez que todo se haya derretido por completo, lo verteremos en un recipiente pequeño. Puede ser reciclado de un bálsamo de labios que ya hayamos gastado. Simplemente limpiad y purificadlo bien. Lo dejaremos destapado mientras se enfría a temperatura ambiente. La textura resultante puede que no sea de vuestro gusto cuando se enfríe por completo. Si desearais un bálsamo más cremoso, volved a derretir el contenido del envase y añadid un par de gotas más de cada aceite. Si, por el contrario, os gustaría que fuese más sólido, añadid algunas virutas más de cera de abejas al volverlo a derretir. Recordad que en verano la temperatura ambiente es más elevada, y por ello el bálsamo resultante tendrá más cremosidad. Realizando la misma receta en invierno, este presentará una textura mucho más firme. Por lo tanto, si intentáis hacer un bálsamo muy sólido en verano, cuando se enfríe el clima será casi imposible de aplicar, y viceversa.

Aplicadlo sobre los labios tomando una pequeña cantidad con el dedo índice de vuestra mano dominante. Conforme lo hacéis, podéis volver a recitar el encantamiento.

PERFUME DE FLORES BLANCAS

Para aparentar inocencia, agradar a los demás

Dificultad:	IV

Mejor durante:
galicinio,
matutino

Necesitaremos:

- Un puñado de rosas blancas
- Un puñado de flores de jazmín
- Un puñado de flores de azahar
- Medio puñado de margaritas
- Una olla
- Un frasco de vidrio oscuro
- Un colador de tela
- 1 litro de agua destilada
- 200 ml de alcohol etílico de 96°
- Cuchara de palo

Empezaremos deshaciendo las flores frescas, separando los pétalos, sin descartar ninguna parte de estas (nos desharemos de los tallos si quedase alguno). A continuación, herviremos el agua destilada en una olla y verteremos dentro nuestras flores. Removeremos durante diez minutos y luego taparemos la olla y la apartaremos del fuego. Mientras removemos, recitaremos un conjuro de inocencia o simpatía.

«Queda oculto el enfado de mi rostro,
reciben de mí sonrisas y paz.
Limpias están mis manos,
y las suyas se ponen en mí
llenas de fe.

Queda oculta la culpa de mi rostro,
de mis labios solo rebosa la verdad.
Limpias están mis manos,
y las suyas se ponen en mí,
llenas de fe».

La olla deberá permanecer tapada y en un lugar fresco durante diez noches. Al cumplirse la décima, filtraremos los restos de flores con un colador de tela o una gasa, y verteremos el perfume en un frasco. Agregaremos entonces el alcohol y agitaremos la botella, volviendo a recitar el conjuro de la preparación. Guardaremos el frasco en un lugar fresco, seco y oscuro durante nueve días más. Cada dos noches lo deberemos agitar, para que se asiente la mezcla, mientras volvemos a recitar el conjuro. Después, ya estará listo para ser usado. Ponéoslo detrás de las orejas y debajo de la mandíbula, así como en el centro del pecho.

PERFUME DE VAINILLA Y CANELA

Para tener una apariencia atractiva y sensual, despertar deseo

Dificultad:	**IV**	Necesitaremos:

Mejor durante:
concubio,
conticinio

Necesitaremos:
- 350 ml de alcohol etílico de 96°
- 40 ml de agua destilada
- Una cucharadita de aceite de almendras
- Una vaina de vainilla
- Una rama de canela
- Frasco de vidrio oscuro con cierre hermético
- Un cuchillo
- Colador de tela

Empezaremos purificando nuestro frasco con el método que prefiramos. Seguidamente introduciremos el alcohol en él. Abriremos la vaina de vainilla y la cortaremos en tres pedazos. También dividiremos en tres partes la rama de canela. Mientras las introducimos en el bote, recitaremos un conjuro de atracción o deseo.

«El agitador te agite,

no te quedes en calma;

la flecha del deseo, que es terrible,

con ella te atravieso el corazón.

La flecha alada con anhelo, la punta armada de deseo,

de intención astil,

dirigiéndola bien,
el deseo te atraviese el corazón.

La que deseca el mal humor,
la flecha del deseo bien dirigida,
con las plumas bien dispuestas, abrasadora,
con ella te atravieso el corazón...».

Rodríguez, M. S. (2002) *Conjuros Mágicos del Atharvaveda*. Oviedo: Universidad de Oviedo, Servicio de Publicaciones, pp. 75-76.

Cerraremos el frasco y lo dejaremos reposar en un lugar fresco, seco y oscuro durante nueve semanas. Al cumplirse la primera semana desde que realizamos el hechizo, removeremos suavemente dentro del bote, volviendo a recitar el conjuro. Haremos lo mismo cada semana hasta que llegue la novena. La noche en que se cumplan nueve semanas colaremos el contenido del frasco, deshaciéndonos de la vainilla y la canela. Pondremos el alcohol perfumado en el mismo frasco o en un atomizador, que nos facilitará la tarea de emplearlo como perfume. Añadiremos entonces el agua y el aceite de almendras, mientras volvemos a recitar el conjuro. Os recomiendo esperar una semana más antes de usar el perfume para que todos los olores tengan tiempo para asentarse.

Ponéoslo entonces justo en medio de las clavículas, en el centro del pecho, en cada muñeca y sobre cada cadera.

UNGÜENTOS,
BÁLSAMOS Y ACEITES

Este formato de hechizo es uno de los más prácticos que pueden existir. Hacer preparados mágicos es ideal para encantarlos durante el momento astrológico idóneo y luego emplearlos cuando haga falta. Muchos de ellos tienen una doble función y son tanto mágicos como medicinales. Quiero aclarar que nunca voy a obviar una prescripción médica para ponerme un aceite que haya hecho yo solita, pero para pequeñas emergencias siempre nos van bien: calmar una picadura de mosquito, hidratar la piel después de una caída, suavizar el escozor de una quemadura solar... Y, claro, hay preparados para casi cualquier cosa. Una vez hechos, ya «son mágicos», pero siempre que empleo alguno recito un conjuro; puede ser el mismo que usé durante la preparación, u otro relacionado con sus propiedades pero específico para mi situación en ese momento.

POR LO QUE A CONSERVACIÓN SE REFIERE,
MUCHOS ACEITES, BÁLSAMOS Y UNGÜENTOS
TIENEN UNA VIDA ÚTIL BASTANTE LARGA
PARA HABER SIDO REALIZADOS
DE MANERA CASERA.

Al ponerse sobre la piel, hay que tener cuidado con conservarlos más allá de una fecha recomendada o en lugares poco óptimos. Es mejor almacenarlos en recipientes oscuros u opacos, en un lugar fresco y seco, lejos de la luz solar.

NO SUELO CONSERVAR MIS PREPARADOS MÁS DE CINCO O SEIS MESES, PORQUE LOS GASTO O SE LOS REGALO A PERSONAS CERCANAS.

Regalar o prestar puede ser una gran opción antes de tirar botes enteros de ungüentos mágicos a la basura. En todo caso, ayudaos de etiquetas e intentad que nada supere el año desde su preparación.

¿ALGUNA VEZ HE PUESTO SOBRE MI PIEL UN ACEITE FABRICADO ANTES DE LA INVENCIÓN DE LAS CERILLAS? PUEDE SER. PERO, CLARO, NO ES LO MÁS ACONSEJABLE.

ACEITE DE ROMERO

Para purificar y sanar, embellecer

Dificultad: II	Necesitaremos:
Mejor durante: **conticinio**	○ Dos tazas de romero fresco
	○ Aceite de nuestra elección
	○ Bote de cristal
	○ Trapo
	○ Filtro de café
	○ Frasco de vidrio oscuro

Existen diversos métodos para realizar aceites con plantas. La mayoría de estos aceites se pueden preparar empleando cualquiera de ellos, porque lo importante es que la planta infusione el aceite portador que decidamos utilizar. Personalmente suelo usar aceite de oliva o de almendras, dependiendo de cuál vaya a ser el uso. Este aceite lo prepararemos de una manera muy tradicional.

En primer lugar, recolectaremos el romero en luna creciente. Enjuagaremos las ramitas para retirar los restos de tierra y cualquier otra cosa que puedan tener. Las secaremos con un paño y las introduciremos en nuestro bote de cristal, previamente purificado. Luego llenaremos el bote de aceite hasta cubrir por completo las ramas. Os recomiendo que utilicéis un bote lo suficientemente grande como para que queden un par de centímetros vacíos. Después de cubrir el romero, taparemos el bote y lo dejaremos al aire libre durante cuarenta noches (con sus respectivos cuarenta días) en un sitio donde no esté resguardado del sol ni de la luna. Es durante estos cuarenta días cuando encantaremos el aceite.

«Cura las heridas,
sana las cicatrices
de mi piel bella.

Pon luz y da vida,
del sol caricias,
sobre mi piel bella».

La noche número 41 será cuando retiremos el bote del exterior. Con ayuda de un filtro de café, o un colador de tela, separaremos las ramitas del aceite infusionado. Pondremos entonces el aceite en un frasco de vidrio oscuro. Para que se conserve lo mejor posible, prefiero esterilizar el frasco de manera previa, dentro de una olla con agua hirviendo durante diez o quince minutos. Posteriormente ya estará listo para usar. Es uno de mis aceites preferidos para hidratar cicatrices, rozaduras y labios cortados. También es genial para algún que otro momento de spa capilar, para masajes musculares… Y, si el aceite que habéis empleado es de oliva, os dará un toque sabroso y mágico en muchas recetas de cocina.

UNGÜENTO DE EUCALIPTO Y TOMILLO

Para purificar, sanar, proteger y dormir bien

Dificultad: III

Mejor durante:
dilúculo

Necesitaremos:

- 50 ml de aceite de oliva
- 5 gramos de cera de abejas
- 3 gotas de aceite de eucalipto
- 3 gotas de aceite de tomillo
- Frasco de vidrio
- Olla
- Cuchara de palo

Empezaremos tomando nuestros aceites y mezclándolos en el frasco (esterilizado y purificado previamente). Si los aceites de eucalipto y tomillo no son esenciales, o son preparados de acuerdo con alguno de los métodos utilizados anteriormente en otros hechizos, poned únicamente 40 ml de aceite de oliva y 5 ml de cada uno de estos aceites.

Introduciremos la cera de abejas en el frasco y lo calentaremos todo al baño maría en una olla, removiendo de vez en cuando conforme se derrite. Una vez que los contenidos del frasco se hayan derretido por completo, sacaremos el frasco y lo pondremos sobre el mármol. Seguiremos removiendo conforme se enfría para que el ungüento tenga una textura suave y ligera. Este será el momento ideal de encantar nuestro preparado.

«Aire entra, aire sale,

aire respiro, aire cabe.

Llena mis pulmones, aire suave.

Aire entra, aire sale,

aire respiro, aire cabe.

Llenaos, pulmones, aire abundante».

Una vez que se enfríe el ungüento, ya estará listo para utilizarlo. Este hechizo es ideal para cuando la congestión no me deja dormir o concentrarme. ¡De paso me deshago de cualquier energía extraña que me esté rondando!

ACEITE DE CALÉNDULA

Para atraer la felicidad, terminar una mala racha emocional

Dificultad: II	**Necesitaremos:**
Mejor durante: **galicinio, matutino**	○ 2 tazas de flor de caléndula
	○ Aceite de nuestra elección
	○ Bote de cristal
	○ Trapo
	○ Filtro de café
	○ Frasco de vidrio oscuro
	○ Olla
	○ Cuchara de palo

Empezaremos enjuagando las flores con mucho cuidado y las secaremos con un trapo dando pequeños toques. Las introduciremos en el bote y verteremos aceite hasta que queden cubiertas por completo. Lo pondremos entonces en la olla, al baño maría, durante tres horas. Removeremos suavemente el contenido mientras lo encantamos.

«Trae sonrisas al despertar
carcajadas de madrugada,
plenitud con la noche,
bien al salir y al llegar.

Tres veces tres,
nueve veces más,
llaman a mi puerta
alegría y buenas nuevas».

Al pasar las tres horas, retiraremos la olla del fuego y dejaremos que el aceite se enfríe. Repetiremos el mismo proceso durante tres días seguidos, haciendo coincidir las horas si fuese posible. Si las flores se marchitasen demasiado o dejaran de infusionar, añadid otro puñadito de flores frescas. Al tercer día de infusionar el aceite y dejarlo enfriar al retirar la olla del fuego, filtraremos el contenido para separar las plantas de nuestro preparado. Lo verteremos en un frasco de vidrio oscuro y lo dejaremos reposar seis días más en un lugar fresco y seco antes de emplearlo.

BÁLSAMO DE VAINILLA

Para atraer belleza y amor, seducir

Dificultad: III	Necesitaremos:
Mejor durante: **conticinio, galicinio**	○ 4 gotas de extracto de vainilla comestible ○ 5 gramos de manteca de cacao ○ 8 gramos de manteca de karité ○ 7 ml de aceite de ricino ○ Frasco ○ Olla ○ Varillas pequeñas

Empezaremos poniendo nuestro frasco a calentar al baño maría, mientras añadimos los ingredientes de uno en uno. Antes de añadir el siguiente ingrediente, nos aseguraremos de que todo aquello que se encuentre dentro del frasco esté bien incorporado. Removeremos de manera continuada ayudándonos de unas varillas pequeñas o un tenedor. Cuando todo esté derretido y bien mezclado, apartaremos la olla del fuego y pondremos el frasco sobre el mármol de la cocina. Seguiremos mezclando y removiendo hasta que nuestro preparado esté a temperatura ambiente. Este será el momento ideal para recitar algún conjuro que acompañe la finalidad del preparado.

«Traiga la noche consigo
la belleza del misterio
para que cubra mis palabras.

Traiga la noche consigo
la suavidad del viento
para que acaricie mis labios.

Traiga la noche consigo
el brillo de las estrellas
para que iluminen mi sonrisa.

Traiga la noche consigo
todos sus secretos
para pronunciar bellas estrofas».

Lo recitaremos tantas veces como sea necesario hasta que se enfríe el bálsamo. Lo podemos emplear cuando nos hagan falta sus propiedades mágicas, o si necesitamos una dosis de hidratación en los labios.

UNGÜENTO DE ALOE Y ACEITE

Para sanar y proteger, atraer el amor y la suerte

Dificultad: II	Necesitaremos:
Mejor durante: **dilúculo**	○ 2 cucharadas de pulpa de aloe vera (o una rama)
	○ 1 cucharada de aceite de oliva virgen
	○ 2 cucharadas de leche en polvo
	○ Varillas de mano
	○ Bol
	○ Recipiente con tapa

Si tenemos el aloe en rama, deberemos prepararlo para que pueda ser utilizado. Cortaremos la rama, quitándole la punta y las espinas laterales. En el caso de que sea demasiado grande, la dividiremos por la mitad. La pondremos en remojo durante veinticuatro horas, dentro de agua a temperatura ambiente, que deberemos cambiar tres veces durante ese tiempo. Una vez finalizado el remojo, pelaremos la hoja y podremos empezar a preparar el ungüento.

En un bol pondremos las dos cucharadas de pulpa de aloe y las desharemos con ayuda de las varillas, para que sea más fácil integrar el resto de los elementos. Removiendo, añadiremos el aceite poco a poco. De esta manera obtendremos una mezcla cremosa. Por último, todavía sin dejar de remover, incluiremos la leche en polvo en la mezcla. Hacedlo poco a poco para que no se formen grumos. Durante todo este proceso deberemos encantar el ungüento. Podéis encantarlo según todas sus posibles propiedades o centrándoos en una concreta.

«Sana donde te poses,
sana donde te ponga,
sáname músculo y piel.

Sana donde te poses,
sana donde te ponga,
sáname corazón y pena.

Sana donde te poses,
sana donde te ponga,
sáname brazo y pierna.

Sana donde toques,
sana donde te ponga,
de pies a cabeza,
de dentro o fuera».

Repetiremos el encantamiento varias veces, hasta que consideremos necesario. Cuando terminemos la mezcla, la pondremos dentro de un recipiente con tapa. Conservaremos este ungüento en el frigorífico, sobre todo para acompañar sus propiedades contra la hinchazón y la irritación. Este es uno de mis ungüentos preferidos para poner sobre picaduras de mosquito o quemaduras provocadas por el sol.

BÁLSAMO DE ROMERO Y CERA DE ABEJA

Para purificar y proteger, embellecer y atraer el amor

Dificultad:	II
Mejor durante: **medianoche**	

Necesitaremos:

- 45 g de aceite de romero
- 5 g de cera de abejas
- Tarro de cristal
- Olla
- Plato
- Varillas (o tenedor)

El romero ha sido empleado desde hace cientos de años, tanto por sus atributos espirituales como por sus propiedades medicinales. No sé si sus usos son infinitos, pero seguro que darían para seis o siete páginas.

La preparación es muy fácil. Pondremos una olla llena de agua a hervir y colocaremos un plato sobre ella. Situaremos el tarro sobre el plato para manipularlo sin quemarnos. Introduciremos la cera de abejas en el tarro y luego el aceite. Si preferís no usar cera de abejas, podéis emplear otra cera de origen vegetal. Puede que haya alguna variación de textura.

Cuando el contenido del tarro se haya derretido por completo, retiraremos la olla del fuego y pondremos el tarro sobre la encimera. Mientras se enfría nuestro bálsamo no dejaremos de batir para obtener una textura homogénea y cremosa. Este será el momento ideal para encantar el preparado.

«Guarda mi casa,

guarda mi ser,

guarda mi amor,

guarda mi tez.»

CAJÓN DE BRUJA

- **Aceite de almendras (dulces):** fascinaciones, preparados mágicos, mundo onírico.
- **Aceite de oliva:** curación, salud, ofrenda, consagración.
- **Aceite de ricino:** preparados mágicos, protección, suavidad, absorción de malas energías.
- **Agua bendita:** purificación, protección.
- **Agua de arroyo:** purificación, protección, salud, belleza, amor, mundo feérico.
- **Agua de lago:** purificación, paz, adivinación, felicidad.
- **Agua de lluvia:** purificación, inspiración, crecimiento, protección.
- **Agua de mar:** purificación, salud, protección, propiedades específicas de cada marea.

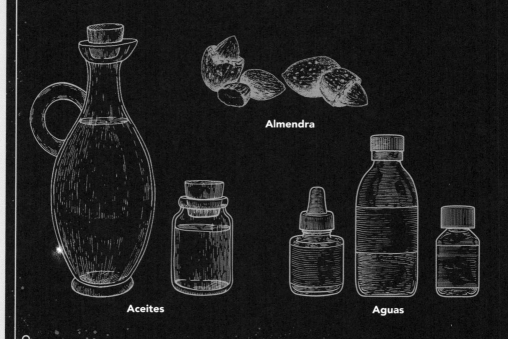

Almendra

Aceites

Aguas

- **Agua de río:** purificación, transformación, cambio, guarda contra malas energías.
- **Agua de siete fuentes:** protección, purificación, salud, belleza.
- **Almendra:** amor, belleza, fertilidad, familia, hechizos contra adicciones.
- **Aloe vera:** protección, sanación, belleza, feminidad, rejuvenecimiento.
- **Amapola:** felicidad, amor, deseo, prosperidad, fertilidad, mundo onírico.
- **Anís:** protección, destierro, deseo, adivinación, juventud, belleza, ofrenda, sueños.
- **Añil:** sanación, protección contra el mal de ojo, trabajo onírico.

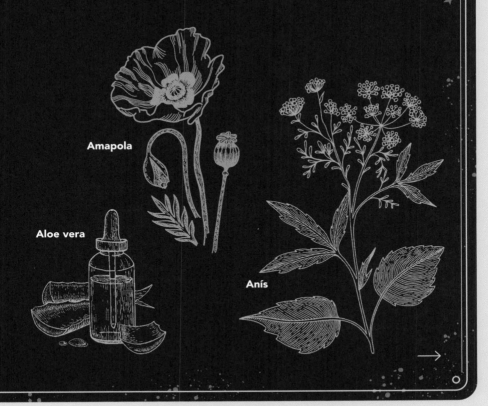

Amapola

Aloe vera

Anís

CAJÓN DE BRUJA

- **Azahar:** amor, suerte, adivinación, fertilidad, prosperidad.
- **Cacao:** amistad, amor, pasión, toma de tierra, prosperidad.
- **Café:** protección, estimulación, motivación, ofrenda, destierro.
- **Caja:** guarda, protección, encierro, retención.
- **Caléndula:** calidez, felicidad, buena suerte, creatividad, muerte, renacimiento, sueños proféticos.
- **Campana:** invocación, protección, purificación sonora.
- **Canela:** espiritualidad, protección, amor, prosperidad, éxito, sanación, buena suerte.
- **Caracola:** protección, fertilidad, mundo onírico.
- **Cayena:** fuerza, protección, trabajos vengativos.
- **Cera de abeja:** pureza, ofrenda, sanación, portadora de cualquier intención que se le otorgue.
- **Clavo:** protección, purificación, limpieza energética, amor.

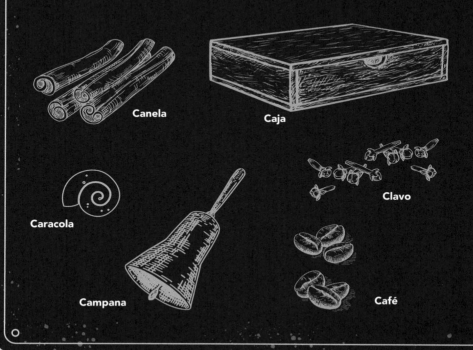

Canela

Caja

Clavo

Caracola

Café

Campana

- **Clavos oxidados:** maldecir, maleficiar, fijar intenciones, anclar.
- **Cuerda:** ligaduras, atar, retener.
- **Daga:** canalización, generar protecciones, cortes energéticos.
- **Diente:** protección, defensa, energías y simbolismo del animal.
- **Eneldo:** protección, destierro, adaptabilidad, amor, deseo, abundancia, vínculos.
- **Equinácea:** fertilidad, clarividencia, fuerza interior, potenciar hechizos.
- **Espejo:** reflejo, devolución, amplificación, proyección, contacto no terrenal.
- **Espino:** protección, defensa, guarda contra malos espíritus y brujas.
- **Estragón:** sanación, protección, destierro, calma, amor, suerte.
- **Fotografía:** representación de algo o alguien durante el trabajo mágico.

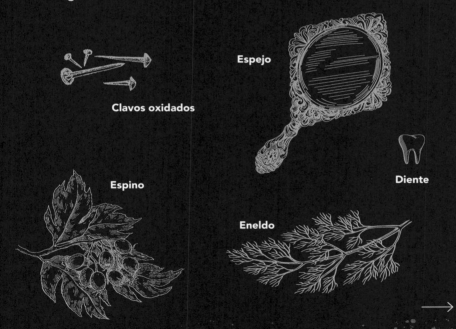

Clavos oxidados

Espejo

Diente

Espino

Eneldo

CAJÓN DE BRUJA

- **Frambuesa:** amor, energía, fertilidad, amabilidad, fidelidad, deseo.
- **Garra:** defensa, ataque, protección contra el mal de ojo, energías y simbolismo del animal.
- **Jazmín:** amor, seguridad, relajación, meditación, purificación, sueños proféticos.
- **Jengibre:** sanación, energía, coraje, inspiración, manifestación, abundancia, amor, deseo, éxito.
- **Laurel:** protección, éxito, sanación, creatividad, desarrollo, evita la negatividad.
- **Lavanda:** purificación, meditación, paz, sueños, belleza, espiritualidad.
- **Leche:** prosperidad, nutrición, protección, purificación, ofrenda.
- **Lúpulo:** sueño, calma, sanación, desarrollo psíquico, previene pesadillas.
- **Manteca de karité:** preparados mágicos, sanación, renovación, belleza, paciencia, feminidad.

Lavanda

Leche

Frambuesa

Jengibre

Manteca

- **Margarita:** felicidad, inocencia, suerte, amor, paz, abundancia, pureza, amistad.
- **Melisa:** calma, sueño, sanación, purificación, longevidad, amor, trabajo onírico.
- **Menta:** prosperidad, protección, purificación, buena suerte, viajes, poderes psíquicos.
- **Miel:** felicidad, dulzura, amor, atracción, sanación, prosperidad, ofrenda a deidades y ancestras.
- **Moneda:** prosperidad, abundancia, ofrenda.
- **Musgo:** protección, absorción, resiliencia.
- **Nabo:** protección, magia lunar, finalizar relaciones.
- **Olivo:** protección, sanación, armonía, sabiduría, abundancia, conexión con divinidades y ancestras.
- **Orégano:** protección, felicidad, creatividad, suerte, compromiso, amor, sueños proféticos.

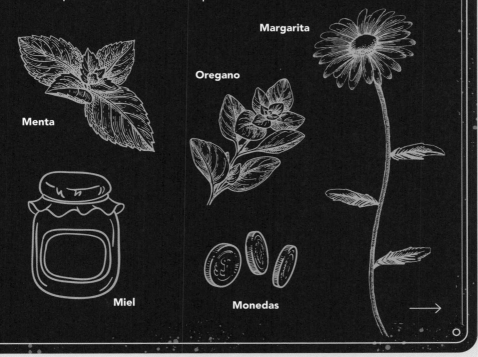

Menta

Oregano

Margarita

Miel

Monedas

CAJÓN DE BRUJA

- **Piel de serpiente:** salud, renovación, transmutación, protección.
- **Pino:** protección, sanación, fertilidad, prosperidad, exorcismo.
- **Pluma:** calma, velocidad, nuevas perspectivas, mensajes no terrenales, vuelo del espíritu.
- **Polvo:** detener, estancar.
- **Punta de asta:** protección contra el mal de ojo, defensa, energías y simbolismo del animal.
- **Roble:** protección, fuerza, longevidad, coraje, fertilidad.
- **Romero:** purificación, protección, revitalización, memoria, fuerza, amor.
- **Rosa:** amor, belleza, pasión, energía positiva, buena fortuna, satisfacción, inocencia, verdad.
- **Ruda:** purificación, protección, buena suerte, exorcismo, guarda de malas energías y del mal de ojo.

Pluma

Rosa

Romero

Pino

- **Sal:** purificación, protección, invocación.
- **Salvia:** protección, purificación, fuerza emocional, claridad mental, conocimiento.
- **Tijeras:** protección, claridad, corte de lazos, finalizar ciclos.
- **Tila:** calma, fertilidad, protección, aclaración, justicia, amor.
- **Tomillo:** protección, positividad, amor, riquezas, coraje, fuerza.
- **Vainilla:** amor, deseo, belleza, vitalidad, felicidad, sanación, suerte, endulzar situaciones.
- **Vela:** claridad, energizar, ofrenda, adivinación.
- **Vino:** ritual, ofrenda, acompañamiento de trabajos mágicos.

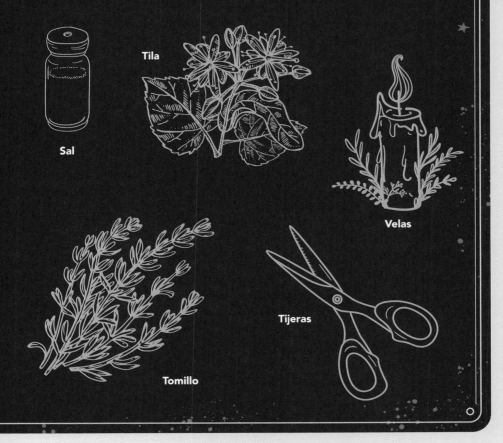

Sal

Tila

Velas

Tomillo

Tijeras

BIBLIOGRAFÍA

- **Álvarez, A.** (1992), *Asturias mágica*. Conceyu Bable.
- **Barandiarán, J. M.** (1972-1983), *Obras completas*. Bilbao, La Gran Enciclopedia Vasca.
- **Black, W. G.** (1987), *Medicina popular*. Barcelona, Altafulla.
- **Borges, J. L.** (1981), *El libro de los seres imaginarios*. Barcelona, Bruguera.
- **Canales, C. y Callejo, J.** (1994), *Duendes: Guía de los seres mágicos de España*. Madrid, Edaf.
- **Carmichael, A.** (1992), *Carmina Gadelica* (*Charms of the Gaels*). Edimburgo, Floris Books.
- **Castelló, J.** (1993), *Barruguets, fameliars i follet. Rondalles*. Ibiza, Institut d'Estudis Eivissencs.
- **Dundes, A.** (1981), *The Evil Eye: A Folklore Casebook*. Nueva York - Londres, Garland Publishing Inc.
- **Erkoreka, A.** (1995), *Begizkoa. El mal de ojo entre los vascos*. Bilbao, Ekain Argitaratzailea.
- **Evans-Pritchard, E. E.** (1937), *Witchcraft, Oracles and Magic among the Azande*. Oxford. [Hay trad. cast.: *Brujería, magia y oráculos entre los Azande*. Barcelona, Anagrama, 1976].
- **Fajardo, F.** (1992), *Hechicería y brujería en Canarias en la Edad Moderna*. Las Palmas, Ediciones del Cabildo de Gran Canaria.
- **Llinares, M. M.** (1990), *Mouros, animas, demonios. El imaginario popular gallego*. Madrid, Akal.
- **Rodríguez, M. S.** (2002), *Conjuros Mágicos del Atharvaveda*. Oviedo, Universidad de Oviedo, Servicio de Publicaciones.
- **Saint-Martin. K.** (1975), *Nosotras, las brujas vascas*. San Sebastián, Txertoa.
- **Torres, J.** (2003), *Por, màgica i tresors a la Catalunya interior*. Sant Vicenç de Castellet, Farell.
- **Webster, W.** (1989), *Leyendas vascas*. Madrid, Miraguano.

ESTE GRIMORIO SE TERMINÓ DE IMPRIMIR
EN FEBRERO DE 2024.